Olaf Möller

Große Handpuppen ins Spiel bringen

Technik, Tipps und Tricks für den kreativen Einsatz in Kindergarten, Schule, Familie und Therapie

Ökotopia Verlag, Münster

Impressum

Autor	Olaf Möller
Lektorin	Barbro Garenfeld
Fotos	Anja Franzke und Jan-Christof Möller
Satz	Hain-Team, Weimar
ISBN	978-3-86702-017-6

1 2 3 4 5 6 7 8 9 10 11 12 · 12 11 10 09 08 07

Auf dem Buchumschlag und im Buch selbst sind Puppen folgender Marken abgebildet:
Living Puppets® / Matthies Spielprodukte GmbH + Co. KG – 21033 Hamburg
FOLKMANIS-PUPPETS® / Europe, Jochen Heil

Dank

Ich hätte dieses Buch niemals alleine schreiben können.

Mein Dank gilt zuerst meiner Frau Christine: für ihren Mut, ihre Kraft, ihre Geduld und vor allem für ihren Humor, mit denen sie mich unterstützt, auf unseren gemeinsamen Wegen meinen eigenen Weg zu gehen.
Ich danke meinen Kindern Hannes und Lilli, die mich in ihrer Art, die Welt zu erleben, immer wieder neu inspirieren.
Ich danke meinen Eltern für ihr Vertrauen und die viele Unterstützung, die ich entlang meines Weges von ihnen erfahren habe.
Ich danke meiner Lehrerin Franki Anderson. Fast alles, was ich über die Rolle des Narren, die Möglichkeiten, die eigenen Gefühle ins Spiel zu bringen, und über die Kommunikation zwischen dem Spieler bzw. der Spielerin und dem Publikum weiß, verdanke ich ihr. Ihre Arbeit gab mir wesentliche Impulse zur Entfaltung meiner Kreativität.
Außerdem gilt mein Dank Keith Johnstone, dessen Entdeckungen zu Improvisation, Spontaneität und Kreativität meine Arbeit immer wieder sehr anregten.
Ich danke Ines Krahn, Marie Fillingham, Franki Anderson und Ray Bowler, die mich im Prozess des Schreibens immer wieder unterstützten, wenn ich ein offenes Ohr benötigte. Ihre Bereitschaft, Anteil an meinen Prozessen und Gedanken zu nehmen, war mir eine große Hilfe.
Ich danke Günther Plänitz für seine unschätzbaren Dienste bei der Gliederung des Buches, Bärbel Husmann, Christa Kirschfink, Bettina Fischer und besonders Martina Elstner für Korrekturlesen und Feedback.
Ich danke meinem Bruder Jan-Christof Möller und Anja Franzke, die sich auf das Abenteuer bzw. die Arbeit einließen, die Fotos für dieses Buch zu machen.
Insbesondere danke ich meinem Verleger Wolfgang Hoffmann für sein Vertrauen und den Impuls, dieses Buch zu schreiben, und Barbro Garenfeld für ihren sorgfältigen und unterstützenden Einsatz als Lektorin.

Olaf Möller
Hackenstedt im August 2006

Inhalt

Vorwort

Seit etwa 20 Jahren gibt es die großen Klappmaulpuppen in Menschengestalt. Die Größe, der freche Gesichtsausdruck, der bewegliche Mund und die bespielbaren Hände lassen diese Puppen besonders lebendig und ansprechend wirken. In vielen Familien, Kindergärten, Schulen und Praxen sind sie daher mittlerweile zu Hause. Aber obwohl die Puppen in zahlreichen Einrichtungen zur Verfügung stehen, kommen sie vielerorts nur wenig oder einseitig zum Einsatz. Die immensen spielpädagogischen Möglichkeiten, die diese großen Puppen zu bieten haben, bleiben ungenutzt, weil es an Basiswissen und Inspiration für den Einsatz der Puppen mangelt. An dieser Stelle setzt das vorliegende Buch an.

Es soll Sie ermutigen, die großen Puppen in Ihrer Familie oder bei Ihrer Arbeit einzusetzen: im Kindergarten, in der Grundschule, bei der Arbeit mit Senioren, auf Geburtstagen oder Feiern, beim frühen Fremdsprachenlernen, in der Brandschutzerziehung, Zahnprophylaxe, Klinik-Clownerie, Verkehrserziehung, Präventionsarbeit oder im Konfliktmanagement, in der Sprachförderung, im Kindergottesdienst oder in der Therapie – wo immer Sie mit Menschen zusammenkommen, denen spielerische Impulse gut tun.

Das Buch versorgt Sie mit Anregungen und Ideen, weist auf Risiken und Nebenwirkungen hin und eröffnet den Zugang zu einem lebendigen und kreativen Spiel. Es gibt wertvolle Hilfestellungen, um die Führung der Puppe zu erlernen, Spielhemmungen zu überwinden und Spielfreude zu entfalten.

Das Ziel sind keine Puppentheaterstücke von halbstündiger Dauer – Spielsequenzen von fünf Minuten genügen oft schon, um eine Stimmung zu verwandeln oder den Zugang zu einem Thema zu eröffnen …

So viel Freude und spielpädagogische Möglichkeiten stecken in den Puppen. Setzen wir sie frei!

Rollen und Funktionen der Puppe

Bevor die Puppe zum Einsatz kommt, lohnt es sich, darüber nachzudenken, welche Rolle sie spielen soll. Unterschiedliche Möglichkeiten bieten sich an und je nachdem, welche Rolle die Puppe übernimmt, verändert sich ihre Funktion: So kann sie als Expertin die Kinder unterrichten oder als Narr die Welt auf den Kopf stellen und Freude, Gefühl und Leichtigkeit in die Gruppe bringen. Wenn sie den Kindern Verhaltensweisen präsentiert, die sie zur Nachahmung inspirieren sollen, dient sie als Vorbild. Bringt sie ihre persönliche Wahrnehmung eines Geschehens mit ins Spiel, ist sie Zeugin. Und als Freundin kann man ihr überhaupt alles anvertrauen. Sie tröstet, berät, korrigiert, ermutigt und besänftigt. Sie kann den Kindern helfen, ihre Konflikte zu lösen, Regeln erklären und Grenzen setzen, Lieder beibringen und Geschichten erzählen.

Kind, Freund, Narr … die Puppe erfüllt ganz unterschiedliche Rollen.

Das Schöne ist, dass die Puppe auf keine dieser Rollen und Funktionen festgelegt ist: Letzte Woche war sie ahnungslos und hat überhaupt nicht verstanden, warum ihr Goldfisch an Land nicht atmen kann, so dass die Kinder ihr das erklären mussten. Heute jedoch erläutert sie ihnen, was ein Rauchmelder ist und hört nach der Pause zwei Jungen zu, die sich gestritten und geschlagen haben, damit sie sich wieder vertragen können. Nächste Woche kommt sie dann vielleicht auf die abstruse Idee, mit den Kindern Ohrenschmalzforschung zu betreiben …

Einige der Rollen, die die Puppe spielt, können Sie als Erwachsene auch ohne Puppe übernehmen. Aber zu anderen Rollen könnte Ihnen der Zugang verbaut oder zumindest erschwert sein: Weil Sie kein Kind mehr sind, können Sie nicht mehr so ohne weiteres in die Rolle des Kindes schlüpfen und den Kindern von gleich zu gleich als Freund oder Freundin begegnen. Und solange Sie in der Verantwortung stehen, eine gewisse Ordnung sicherzustellen, wird es Ihnen vermutlich schwer fallen, wirkliche Narrenfreiheit zu entwickeln. Die Puppe aber kann Kind, Freund und Narr sein. Und weil diese Rollen ihrem Wesen entsprechen, fällt es ihr leicht, sie zu übernehmen.

Die Puppe als Kind

Die Puppe zeigt den Kindern einen schönen, roten Apfel:
„Sieht der nicht toll aus?"
Die Puppe schnuppert an dem Apfel.
„Oh! – Der duftet ja richtig …"
Sie schnuppert ein zweites Mal, ganz hingebungsvoll und genüsslich.
„Hmmm … immer, wenn ich Opa besuche, schenkt er mir was zu essen, meistens Obst und sowas Gesundes …"
Sie schnuppert erneut.
„Oh … aber so einen leckeren Apfel hat er mir noch nie geschenkt. Ich glaube, den werde ich mir für den Nachtisch aufheben." Kleine Pause. „Opa ist prima. Der erzählt mir immer so schöne Geschichten von früher. Heute hat er mir erzählt, wie …"

Die Puppe liebt Meerschweinchen, räumt nicht gerne auf, freut sich auf Weihnachten und will später mal zur Feuerwehr … von ihrem Wesen her ist sie ein Kind.

Das Spiel könnte nun in verschiedene Richtungen weitergehen: Es könnte um den Themenbereich Wachstum, Reife und Fortpflanzung gehen (Spielidee: Die Puppe ärgert sich über das Gehäuse und die Kerne und fragt sich, was die überhaupt sollen, die verderben doch den ganzen Spaß am Essen). Oder sie erzählt von Adam und Eva oder Tells Apfelschuss …

Die Puppe ist ein Kind. Vielleicht hat sie ein Meerschweinchen und einen Großvater und wünscht sich schon seit Jahren zum Geburtstag ein Pony, das sie aber nie bekommt. Oder sie malt gerne und möchte später einmal Feuerwehrmann oder Feuerwehrfrau werden. Vor allem zeigt sie ihre Gefühle und das ist vielleicht der größte Unterschied zwischen ihr und einem Erwachsenen. So kann sie vor Begeisterung übersprudeln, lustlos vor sich hin muffeln und ängstlich, bockig oder traurig sein. Sie kann nachdenklich schweigen oder zufrieden vor sich hinsummen. Sie erträgt es nicht, wenn jemand unglücklich ist und noch viel weniger, wenn sie selbst unglücklich ist. Sie kann sehr nett und freundlich sein, aber sie ist nicht immer nett. Ihre Stimmungen verändern sich manchmal sehr plötzlich. Sie hat es nicht gelernt, sich zu verstellen oder ihre Gefühle zu unterdrücken, und das macht ihre Unschuld aus.

Als Kind lebt die Puppe ganz im Augenblick und in ihrer Seele herrscht wesentlich häufiger das Lustprinzip als Logik oder irgendein Sinn für Pflicht und Verantwortung vor. Wenn sie etwas Schönes oder Leckeres sieht, möchte sie es sofort haben. Wenn ihr etwas zu langweilig wird, sagt sie das oder bekommt aus dem Nichts heraus phantastische Einfälle für neue Unternehmungen. Gleichzeitig kann sie über die kleinsten

Dinge staunen und an Wunder und Märchen glauben. Dabei ist sie neugierig, weltoffen und bereit, in Kontakt zu treten, Fragen zu stellen, sich Dinge erklären zu lassen und zu lernen.

Dass die Puppe ein Kind ist, darf sich auch in ihrem Sprachgebrauch ausdrücken: So ist ihr Satzbau schlicht, und vielleicht hapert es ab und zu auch mit der Grammatik (bei Bedarf kann die Puppe ja korrigiert werden …). Sie benutzt keine Fremdwörter, und wenn doch, dann falsch *(„die Raupe hat sich in ein* Croissant *eingewickelt!“)*. Kinder lieben Wortspiele und Versprecher, und so kann die Puppe z. B. *Jungenentzündung* bekommen oder sie erzählt von einem Baby, das per *Kaiserschmarrn* zur Welt gekommen ist.

Außerdem können Sie Ihre Puppe in Ich-Botschaften erzählen lassen, um ihrer Sprache mehr Klarheit zu verschaffen. *„Oh, nachdem* ich *heute meine beiden Krimskrams-Schubladen aufgeräumt habe, da hatte* ich *vielleicht einen Hunger …“* klingt viel schöner, persönlicher und klarer als *„Wenn man den ganzen Nachmittag aufräumt, ist* man *aber auch hungrig …“* oder *„Wenn du den ganzen Tag nur aufräumst, musst du abends aber auch echt was zu essen haben.“* Wenn die Puppe altklug erscheinen oder eine Distanz zu ihrem Gegenüber geschaffen werden soll, sind die allgemeineren Formulierungen hilfreich. Aber wo Nähe und Begegnung gewünscht sind, ist es sehr empfehlenswert, das *Ich* zu benutzen.

Die Puppe als Freund

Die Puppe hält ihre Hand vor den Mund, beugt sich etwas vor und flüstert:

„Also dir würde ich es ja schon verraten, aber du darfst es dann keiner Sterbensseele weitersagen – versprichst du mir das?“

„Ja!“

„Ehrenwort?“ Mit ihrer Hand formt die Puppe die Finger zum Schwur.

„Ja!“

„Gut, dann verrate ich es dir: Ich habe in echt gar kein Meerschweinchen!“

„Was???“

„Ja, aber wehe du sagst es weiter! Ich erzähle das den anderen immer nur, weil ich so sehr gerne ein eigenes Meerschweinchen haben möchte. Wenn ich nämlich so viel von meinem Meerschwein erzähle, dann glaube ich immer selbst, dass ich eins habe. Und das ist viel besser, als gar keins zu haben, verstehst du?“

„Ähm. Nicht so richtig. Aber warum kaufst du dir denn kein Meerschweinchen?“

„Ach, das ist so blöd: Puppen dürfen keine Meerschweinchen haben, weil die Leute meinen, sie würden nicht richtig mit ihnen umgehen und sich nicht richtig um sie kümmern.“

„Deswegen darf ich auch kein Tier haben. Papa sagt immer, ich soll warten, bis ich acht bin.“

„Ach … dann bekommst du also nächstes Jahr ein Meerschweinchen?“

„Nein, ich bin doch erst sechs! Aber wenn ich acht bin, schon, obwohl ich lieber eine Katze haben möchte …“

Ein Freund oder eine Freundin zu werden, ist vermutlich die schönste Aufgabe, die eine Puppe übernehmen kann. In dieser Rolle kann sie zuhören, mitfühlen, verstehen und trösten. Die Puppe kann auch Ratschläge erteilen, aber das ist etwas riskant, da die Spielerin oder der Spieler beim Beraten den Bereich des Spiels verlassen und wieder in die alltägliche Rolle als Mutter, Vater, LehrerIn, ErzieherIn, TherapeutIn etc. zurückfallen könnte. Es ist im Zweifelsfall besser, wenn die Puppe einfach Fragen stellt: *„Und was denkst du, was du da jetzt am besten machen kannst?“*

Wenn sich das Kind dann wirklich nicht zu helfen weiß, kann die Puppe auch verschiedene Vorschläge anbieten, aus denen sich das Kind denjenigen aussucht, der ihm am besten zu sein scheint.

Aber es kann auch sein, dass das Kind gar keinen Rat will. Vielleicht möchte es ja einfach nur einmal verstanden werden und es genügt ihm, sein Herz auszuschütten. Dann ist es gut, wenn die Puppe zuhören kann, und dabei vertauschen sich die Rollen: Die Puppe reduziert ihr Spiel, verzichtet darauf, Impulse zu geben und wird zum Publikum, während das Kind die Bühne betritt und seine Geschichte, seine Tragödie oder sein Drama erzählt.

Ein Freund oder eine Freundin zu werden, ist vermutlich die schönste Aufgabe, die eine Puppe übernehmen kann …

Wenn die Puppe für die Kinder eine Freundin oder ein Freund sein soll, heißt das nicht, dass sie um jeden Preis nett sein und alle Wünsche der Kinder erfüllen muss. Es besteht sonst die Gefahr, dass sie zum Spielball der Kinder wird, der alles mit sich machen lässt und keinen eigenen Willen an den Tag legt. Deshalb ist es wichtig, der Puppe zu erlauben, den Kindern auch Widerstand zu leisten und ihnen Grenzen zu setzen. Dadurch wird ihre Persönlichkeit gestärkt, sie wird für die Kinder zu einer eigenen Autorität und gewinnt ihren Respekt.

Die Puppe als Narr

Die Puppe begrüßt die Kinder nur flüchtig und holt aufgeregt ein Telefon hervor:
„Ich habe jetzt leider keine Zeit! Ich muss die Polizei anrufen!“
Die Puppe wählt.
„1 – 1 – 2 … Hallo? Hallo? Herr Wachtmeister Brökelbein? Hier ist Alfons! … Herr Brökelbein, es ist was ganz Schlimmes passiert. Nein, nicht in der Schule … mehr so im Himmel! … nein, mir ist kein Luftballon weggeflogen … Am besten erzähle ich alles mal von vorne: Also letzte Woche, da war der Mond noch riesengroß, kugelrund und heile. Das habe ich genau gesehen. Ich konnte nämlich erst nicht einschlafen, weil keine Wolke am Himmel war und er so hell geschienen hat. Und gestern Abend, da gucke ich noch mal aus dem Fenster, und was sehe ich? – Kaputt! Total kaputt! Eine ganze Ecke ist weggebrochen. Das waren bestimmt irgendwelche wilden Fußballspieler … aber was lachen Sie denn …? Sie sollten lieber etwas unternehmen, die Kaputtmacher fangen und den Mond wieder reparieren! … Was? … Hn? Das soll normal sein? – Also Herr Brökelbein! Das ist doch nicht normal! Was soll denn daran normal sein, wenn jemand den Mond kaputtmacht? Wenn ich Ihr Auto kaputtmache, sagen Sie doch auch nicht ‚das ist normal!‘ – Der wird von alleine wieder heile? Echt? … Was? Noch kleiner? Herr Brökelbein, Sie veräppeln mich jetzt aber nicht, oder? Sonst frage ich noch mal die Kinder! … Ja, das mache ich auch! Und wenn Sie gelogen haben, dann trete ich beim nächsten Mal gegen Ihr Auto! … Nein, das war nur ein Scherz! Tschüss Herr Wachtmeister!“

Wenn die Puppe die Rolle des Narren übernimmt, erfüllt sie die Erwartungen der Kinder, denn viele

Viele Puppen sehen schon so aus, als müssten sie gleich Chaos stiften und Unsinn verzapfen.

Puppen sehen schon so aus, als müssten sie gleich irgendeinen Unsinn verzapfen. In ihrem Gesichtsausdruck ist häufig bereits eine Frechheit und Neugier gegenwärtig, die wie ein leises Versprechen wirkt, das eingelöst werden will. Es gibt Eigenschaften, die der Puppe erst gegeben werden müssen, z. B. Ernst oder Strenge, wenn sie Dinge erklären oder Grenzen setzen soll – das närrische Wesen liegt bei vielen Puppen aber schon in ihrem Ausdruck verborgen und kann von daher einen ganz eigenen Einfluss auf das Spiel haben.

Das ist auch ein Grund dafür, warum die Puppe viel, viel frecher sein und viel weiter gehen darf als ihre Spielerin oder ihr Spieler. Wenn eine Lehrerin ihrer Klasse in vollem Ernst das Rezept für eine Popeltorte beschreibt oder um eine Schweigeminute für Jocke Pausenbrot, den Erfinder der Sommerferien, bittet, werden die Kinder vermutlich irritiert sein und das Verhalten nicht einordnen können (das hängt etwas davon ab, wie viele Verrücktheiten sie ansonsten von ihr gewöhnt sind). Wenn die Puppe dasselbe tut, wird das die Kinder zunächst zwar ebenso irritieren, aber sie werden sich viel leichter darauf einlassen und es genießen können. Die Puppe besitzt die Erlaubnis, frech und etwas verrückt zu sein. Sie darf die Rolle des Narren übernehmen, und wenn es nach den Wünschen der Kinder geht, soll sie es sogar.

Die Aufgabe des Narren ist es, festgefahrene Situationen von ihrem Ernst zu befreien. Was von ihm berührt und begonnen wird, verwandelt sich in Spiel, und wo er auftritt, ist das Lachen nicht fern. Er bricht mit gewohnten Routinen und befreit so von Monotonie und einem Übermaß an Alltäglichkeit. Wie ein Kind besitzt er die Freiheit, das Offensichtliche auszusprechen. Während alles schweigt, sagt er laut, dass der Kaiser keine Kleider trägt, dass der Schuldirektor heute wieder Mundgeruch hat oder dass Sie selbst auch keine Lust mehr haben, Mathematik zu unterrichten, weil der Tag so voll war und es so heiß ist. Dadurch, dass sich der Narr unbekümmert die Freiheit nimmt, zu sein, wie er ist, zu fühlen, was er fühlt, und zu sagen, was er denkt, lädt er alle zur Freiheit ein.

Es ist nicht die Aufgabe des Narren, Probleme zu lösen. Sein Beitrag ist es, sie ehrlich aufzuzeigen und der Situation einen Spiegel hinzuhalten, und das tut er mit Einfallsreichtum und viel Humor. Obwohl er ein Schlitzohr sein kann, ist der Narr doch nicht verletzend, und seine Frechheit enthält keine Bosheit. Sein Witz zielt darauf ab, dass die, über die er lacht, sich selbst erkennen und mitlachen können, und so befreit er von übergroßem Ernst.

Es fällt jedoch nicht immer leicht, die Rolle des Narren zuzulassen: Je mehr Sie in Ihrem Alltag damit beschäftigt sind, eine feste Ordnung unter die Kinder zu bringen und zu erhalten, desto mehr Überwindung kann es Sie kosten, Ihrer Puppe Narrenfreiheit einzuräumen. Sie müssen dazu Ihr Bedürfnis nach Seriosität zurücksetzen, Ihre Angst vor Lächerlichkeit überwinden und ihr Spiel mit einer Portion Verrücktheit ausstatten (➜ *Hinter der Puppe verschwinden*, S. 60, und *Verantwortung abgeben*, S. 61). All das kann nicht immer von heute auf morgen geschehen. Wo es jedoch gewagt wird, kann es nicht nur bei den Kindern, sondern vor allem bei Ihnen selbst viel Freude freisetzen.

Der Spiegel des Narren

Die Situationen sind bekannt: Bei einem Ausflug fängt es nur ein bisschen an zu regnen, und auf einmal beginnt das große Nölen und Maulen; nach einer wilden Sportstunde sind die Kinder überdreht und kommen einfach nicht zur Ruhe oder aus einem unbekannten Grund brechen in einer Stunde immer wieder Streitereien los. Es scheint, als seien hinterhältige Kobolde am Werk, die die Kinder mit Überdrehtheit, übler Laune oder gemeinen Ideen verhexen. Der Unterricht oder die Gruppenstunde nach Plan sind einfach nicht mehr möglich.

Als Narr kann die Puppe den Kindern in diesen Situationen den Spiegel vorhalten. Dazu übernimmt sie einfach die Stimmung, die in der Gruppe vorherrscht: Wenn alle Kinder gereizt und genervt sind, ist die Puppe auch gereizt und genervt, wenn alle träge und lahm sind, ist die Puppe es auch, und wenn sich die ganze Gruppe darin verliert, sich Sorgen zu machen, macht die Puppe dabei mit. Dabei kann sie übertreiben und dadurch zur befreienden Komik der jeweiligen Situation vordringen:

Die Puppe zerknautscht ihr Gesicht und ist laut und wütend: „Ohhhh … gerade regt mich alles total auf!“ Pause.
„Da braucht ihr gar nicht so zu gucken! … Ich könnte schreien …! Am liebsten würde ich jetzt irgendwas hinschmeißen, aber das müsste dann so richtig knallen und scheppern. Haben wir hier nicht irgend etwas?“ Sie sieht sich um. „Vielleicht einen Ziegelstein, den ich durch das Fenster knallen kann …? Oh, so sauer bin ich gerade … oberstinkesauer!“

Etwas Wut tut gut …

Wenn deutlich ist, warum die Kinder so in Aufruhr sind, kann es die Puppe benennen:
„Ich bin so schrecklich wütend, weil die Grashüpfer-Gruppe nächste Woche in den Zoo fahren darf und wir nicht! Das finde ich ungerecht! Das finde ich sooooo ungerecht …"

Wenn Sie nicht wissen, warum die Gruppe gerade so aufgeregt ist, aber ahnen, dass es den Kindern selbst nicht bewusst ist, kann Ihre Puppe folgendermaßen reagieren:
„Ich weiß gar nicht, woran das liegt. Vielleicht am Wetter? Vielleicht ist das da draußen Schlechte-Laune-Nebel oder eine Miese-Stimmungs-Wolke? Hat mich der Mond heute Nacht verzaubert? Oder ist heute vielleicht der weltweite Tag des großen Ärgerns … Ich könnte jedenfalls schreien!"
Dann schreit sie tatsächlich, und zwar so laut und ausgiebig, dass sich in ihrem Schrei die gesammelten Spannungen der Kinder ausdrücken und entladen können. Vielleicht bittet sie die Kinder sogar, mit ihr zu schreien. Nachdem diese Arbeit getan ist, kommt sie wieder zur Ruhe, und wenn das Spiel gelungen ist, die Kinder mit ihr:
„Oh, das tat gut." Sie seufzt tief. „Ich glaube, das musste einfach mal sein." Pause. „Und was wollen wir jetzt machen?"

Es braucht allerdings Mut, die Puppe laut schreien zu lassen, und es sei niemandem empfohlen, der sich dabei Gewalt antun muss. Auch die Idee, die Kinder mitschreien zu lassen, ist etwas für Wagemutige. Wer in einer größeren Institution arbeitet, braucht dazu schalldichte Räume oder tolerante KollegInnen. Vor allem aber braucht es die Bereitschaft, das Schreien der Kinder auszuhalten, und das Vertrauen, dass das Geschrei seinen Raum braucht und von alleine wieder abklingen wird. Ohne diese Einstellung ist das Experiment nicht zu empfehlen (➜ *Alfons bringt den Laden in Schwung*, S. 86 f.).
Wenn die Puppe die Stimmung der Gruppe spiegelt, geht es nicht darum, den Kindern zu zeigen, wie unmöglich oder schrecklich sie sich verhalten. Der Sinn eines solchen Spiegelns ist nicht, Gefühle oder Stimmungen zu verbieten und dafür zu sorgen, dass sie unterdrückt werden. Im Gegenteil: Ziel ist es, unterdrückte oder unbewusste Stimmungen, die sich negativ auf das Gruppengeschehen auswirken, zu befreien, so dass sie der Gruppe bewusst werden. Erst wenn das Gefühl ausgedrückt und verstanden worden ist und auf das Bedürfnis, das hinter ihm steht, eingegangen wurde, kann es in der Gruppe wieder zu Frieden kommen. Dann können sich die Kinder wieder auf die nächsten Schritte und Aufgaben einlassen. Sie sollen sich im Spiegel des Narren also nicht erkennen, damit sie über sich selbst erschrecken und aus Angst oder Schrecken beschließen, sich zu verändern. Ganz gleich wie verführerisch sich diese Strategie anbieten mag – sie liegen dem Narren in seiner Einfalt und Unschuld fern. Als Narr zeigt die Puppe einfach nur, was gerade ist, und weil sie das spielerisch und mit Augenzwinkern tut, kann sie die Kinder dazu befreien, die festgefahrene Stimmung zu verlassen. Und vielleicht gelingt es sogar, dass die Kinder über sich selbst lachen.

Das Prinzip, die vorherrschende Stimmung aufzunehmen, kann auch im Spiel mit dem einzelnen Kind wirksam werden (➜ *Alfons hört zu und macht mit*, S. 76 f.):
Andreas, ein Junge aus der Klasse 2 C, hat zurzeit große Schwierigkeiten. Aus verschiedenen Gründen gibt es bei ihm zu Hause viele Spannungen, und seit geraumer Zeit scheint er deshalb aus dem Gleichgewicht zu sein. Er wirkt unkonzentriert, seine schulischen Leistungen sacken ab, er ist oft gereizt und gerät deshalb zunehmend in die Isolation innerhalb des Klassenverbands. Heute ist die Situation eskaliert: Er hat einen Jungen geschlagen, der ihn aus Versehen angerempelt hatte, und eine Lehrerin angeschrieen. Nun sitzt er allein im Sekretariat. Er wirkt wütend und verschlossen und fühlt sich vermutlich ungerecht behandelt. Die Klassenlehrerin wurde herbeigerufen. Einer plötzlichen Idee folgend, setzt sie sich neben ihn und nimmt ihre Puppe auf ihren Schoß.
Andreas blickt auf den Boden. Aus dem Augenwinkel hat er die Puppe bemerkt. Die Puppe blickt auch auf den Boden. Sie sieht Andreas nicht an, weil er sie auch nicht ansieht. Sie schweigt, weil er schweigt. Dann schimpft sie plötzlich:

„Oh, menno! Was für ein blöder, blöder, blöder Tag!" Pause. „Es fing alles schon beim Frühstück an." Pause. Beide blicken weiter zu Boden. Langsam wird Andreas neugierig.

„Wenn ein Tag beim Frühstück schon blöd ist, dann geht er meistens auch blöd weiter. Das weiß ich ja schon." Pause.

„Aber dass er so blöd werden muss ... Ist doch wahr! Nur, wenn man mal einen Kakaobecher umkippt, muss man doch nicht gleich angeschrieen werden, oder?"

Andreas schweigt noch immer, aber er wirkt nicht mehr so verschlossen.

„Ich meine, was meinst du denn?", – sie guckt ganz kurz herüber – „muss man angeschrieen werden, nur weil man mal einen Kakaobecher umschmeißt?"

Andreas schweigt noch immer, die Puppe spricht ihn nun direkt an: „Bist du schon mal angeschrieen worden, weil du mal Kakao umgekippt hast und der genau in Papas Tasche geflossen ist?"

„Nein."

„Siehst du ... aber ich. Heute Morgen. Und dann ging alles so blöde weiter: Dann habe ich mich im Bus mit einer gestritten, die sich vorgedrängelt hat. Ich meine, so ganz sicher bin ich mir nicht, ob sie sich vorgedrängelt hat, aber es sah so aus. Und dann bin ich wütend geworden und habe sie geschubst, gar nicht so doll, eigentlich nur so ein bisschen. Aber ihre Hose ist trotzdem dreckig geworden, und dann hat sie das gleich der Lehrerin erzählt, aber alles total falsch, und Frau Rosenknoten hat ihr wieder gleich alles geglaubt ... Blöd, blöd, blöd!"

Beide schweigen.

Vielleicht erzählt die Puppe noch mehr, vielleicht erzählt der Junge nun seine Geschichte oder die Puppe fragt ihn, was mit ihm ist. Wenn das Spiel glückt, findet der Junge in der Puppe einen Verbündeten und es gelingt ihm, sich wieder zu öffnen, sein Leid mitzuteilen und sein Tun noch einmal zu betrachten.

Weil die Geschichte des Jungen sehr dramatische Züge trägt, muss die Puppe, um ihn zu erreichen, von ähnlich dramatischen Situationen erzählen. Es geht nicht um das Aufbauschen von Dramen und Effekten, es geht darum, die Wirklichkeit des Kindes im Spiel der Puppe abzubilden. Das Spiegeln vollzieht sich dabei mit leichten Verzerrungen: Zum einen erfindet die Puppe eine Geschichte, die zwar die (erahnten) Gefühle und Bedürfnisse des Kindes aufgreift, deren Inhalt sie aber ganz bewusst variiert. Zum anderen drückt sie ihre Gefühle aus und spricht über sie, anstatt sie zurückzuhalten und zu schweigen. Dadurch bleibt sie trotz der Spiegelung eine eigene Persönlichkeit und das Spiel läuft nicht Gefahr, zu einem bloßen Nachäffen der Geschichte und Regungen des Kindes zu verkommen.

Um die Puppe in derartig sensiblen Momenten intervenieren zu lassen, benötigen Sie eine große Spielfreiheit und viel Einfühlungsvermögen. Solange Sie noch dabei sind, Ihre Spielsicherheit zu entwickeln, empfiehlt es sich sehr, die Puppe in einfacheren Szenarien einzusetzen. Wagen Sie sich mit Ihrer Puppe erst dann in die Krisengebiete, wenn Sie ein Gefühl dafür bekommen haben, was Ihnen und Ihrer Puppe in den relativ normalen Alltagssituationen alles möglich ist und geschehen kann.

Charakter und Biografie der Puppe

Es ist sehr ratsam, den Charakter der Puppe offen zu halten. Natürlich hat sie ihre Neigungen und Leidenschaften: So mag sie vielleicht blau lieber als grün, findet Fußball toll oder doof und fährt im Urlaub lieber ans Meer als in die Berge. Aber ihre Eigenschaften und Leidenschaften sind noch nicht so festgelegt und begrenzt, wie das bei Erwachsenen oft der Fall ist. Puppen können sich wesentlich schneller verändern.

Die meisten Puppen, die Kinder darstellen, wirken, als ob sie etwa vier bis zehn Jahre alt sind, aber es gibt auch Kinderpuppen, die etwas älter aussehen und mit etwas Geschick als 10- bis 12-Jährige gespielt werden können. Auch was das Alter der eigenen Puppe betrifft können Sie sich eine gewisse Offenheit durchaus erlauben, indem Sie Ihre Puppe immer genauso alt sein lassen wie die Kinder, auf die sie trifft: Wenn die fünfjährige Lisa die Puppe nach ihrem Alter fragen sollte, ist die Puppe zufällig fünf, aber sobald sie am nächsten Tag mit Kevin spielt, wird sie sieben (jedenfalls, wenn Kevin danach fragen sollte). Sollten sich Lisa und Kevin treffen und sich über die Puppe und ihr Alter unterhalten, könnte es zwar kompliziert werden, aber dann kann sich ja herausstellen, dass die Puppe noch nicht zählen kann (und bestimmt ist sie in diesem Fall schließlich genau sechs Jahre alt …).

Manchmal ist es hilfreich, für die eigene Puppe einen Lebenslauf und eine Familienkonstellation zu entwickeln, aber es ist nicht notwendig, dass dabei eine komplette Biografie entsteht – kleine Einzelheiten genügen völlig, und weitere Details werden im Laufe der Zeit hinzukommen. Wenn es sich um eine Kinderpuppe handelt, ist eine solche Biografiearbeit auch nur sehr begrenzt sinnvoll, da sich diese Arbeit überwiegend an der Vergangenheit orientiert, während die Puppe als Kind ganz in der Gegenwart lebt.

Nehmen wir einmal an, die Puppe ist ein Kind, das letzten Monat erst aus Düsseldorf hierher gezogen ist oder das zwei ältere Zwillingsschwestern hat, die ganz toll Geige spielen. Vielleicht ist ihre Oma im Frühling gestorben oder sie hat einen Patenonkel, der sich nie wirklich um sie kümmert … Alle diese Einzelheiten und Geschichten sind nur dann und nur so lange interessant, wie sie die Puppe unmittelbar betreffen. Nur wenn die Puppe im Augenblick des Spiels von der Angeberei ihrer Schwestern genervt oder über ihren Onkel enttäuscht ist, gewinnen die entsprechenden Personen und Geschichten Relevanz. Ansonsten kann sie mit ganzer Seele damit beschäftigt sein, ein Kaugummi vom Tisch zu kratzen, ohne auch nur das kleinste Bisschen an Düsseldorf oder ihre tote Oma zu denken.

Die Biografiearbeit soll inspirieren und das Spiel mit Themen und Gefühlen sowie Stoff für Geschichten versorgen (→ *Geschichten*

Wenn alle Stricke reißen, gesteht die Puppe, dass sie gelogen hat …

erfinden, S. 72 f.). Es geht nicht darum, für die Puppe eine vollständige Welt zu entwickeln, aus der heraus sie dann agieren muss – ein solcher Anspruch könnte sich fatal auswirken, weil er dem Spiel viel Freiheit, Spontaneität und Überraschungsmomente nehmen würde.

Je mehr und phantasievoller die Puppe aus ihrem Leben erzählt, desto höher steigt die Wahrscheinlichkeit, dass sie sich in Widersprüchen verheddert. Das ist aber nicht schlimm – im Gegenteil: Widersprüche wecken das Interesse der Kinder und geben der Puppe eine besondere Lebendigkeit und Faszination. Die Puppe hat letzte Woche noch behauptet, sie könne nicht lesen und schreiben, und jetzt will sie sich ein Buch ausleihen? Sie hatte eben noch Kopfschmerzen und schreit jetzt wie am Spieß? – Das alles muss gar nicht zu einem Problem werden, wenn die Puppe Ausreden benutzt oder vom Thema ablenkt. Und wenn alle Stricke reißen, gesteht sie einfach, dass sie gelogen hat:

Die Puppe blickt beschämt zu Boden und beißt sich auf die Finger. Dann nimmt sie die Finger aus dem Mund und seufzt tief:
„Ja, ich weiß, dass ich euch erzählt habe, dass ich nach Australien fliege … Ja … Es war gelogen. Aber ich war so neidisch, als ihr alle erzählt habt, wohin ihr in den Urlaub fahrt, und da habe ich mich einfach nicht getraut zu erzählen, dass ich gar kein Geld habe und deshalb nur zu meinem Onkel nach Malente fahren werde …“
Sie versteckt ihr Gesicht für einen kleinen Moment hinter ihrer Hand, weil ihr alles so peinlich ist. Dann nimmt sie die Hand wieder vom Gesicht und gibt sich einen Ruck:
„… und deshalb habe ich euch halt angelogen. Tut mir leid.“

Es ist wichtig, sich von der Vorstellung zu befreien, dass im Leben Ihrer Puppe alles konsequent, gleich bleibend und gradlinig verlaufen muss. Sie ist ja ein Kind und kein Roboter …

Die Puppe als Identifikationsfigur

Wenn Sie Ihre Puppe ein Kind sein lassen, können Sie ihr alle Verhaltensweisen, Träume und Leidenschaften geben, die Sie bei Kindern entdecken. Dadurch versorgen Sie Ihr Spiel zum einen mit einer Fülle von Inspirationen und Spielimpulsen, zum anderen unterstützen Sie auf diese Weise die Kinder in ihrem Prozess, sich mit der Puppe zu identifizieren. Je intensiver sich die Kinder mit der Puppe identifizieren, desto mehr Empathie werden sie für diese entwickeln können: Sie leiden mit, wenn die Puppe leidet, wenn sie sich freut, springt auch die Freude über, und wenn die Puppe einmal in einem Schlamassel steckt, überlegen die Kinder fieberhaft, wie sie ihr aus der misslichen Lage heraushelfen können.
Wenn sich die Kinder mit der Puppe identifizieren, finden sie sich aber nicht nur in ihr wieder. Die Puppe wird nicht nur zu einem Ebenbild, sondern automatisch auch zu einem Vorbild. Ihr Verhalten wird zu einem Beispiel, an dem sich die Kinder orientieren. Die entscheidende Frage ist deshalb, welche Art von Vorbild die Puppe sein soll. Kann ihr Verhalten als ein Beispiel für Mündigkeit dienen oder verkommt es zu einem Vorbild für Einheitlichkeit und Norm? Folgende Fragen können deutlich machen, in welche Richtung die Puppe mit ihrem Verhalten weisen kann:

- Ist die Puppe ein Vorbild, weil sie immer alles richtig macht – oder weil sie zeigen und sagen kann, dass es ihr leidtut, wenn sie jemanden verletzt oder etwas kaputt gemacht hat?
- Ist sie ein Vorbild, weil sie keine Schwächen hat – oder weil sie in einer kritischen Situation zu ihren Grenzen steht oder auch einmal – und vielleicht ja mit Hilfe der Kinder – ihre Angst überwindet?
- Ist sie ein Vorbild, weil sie immerzu strahlend gute Laune hat und zu allen immer lieb ist – oder weil sie sich selbst treu ist, indem sie ehrlich sagt, was sie fühlt und denkt?

Wenn die Kinder eine Puppe erleben, die immer selbstsicher, fröhlich und leicht ist, die mit allen Situationen klarkommt und nie Probleme hat, müssen sie zu ihr aufsehen. Sie können sie nur bewundern oder beneiden. Es entsteht die Illusion eines glatten, problemlosen Lebens, vor der sich die Kinder klein, verquer und erfolglos vorkommen. Muss die Puppe aber genauso unsicher, tapfer, ängstlich oder verwegen wie die Kinder gegen die Widrigkeiten des Lebens ankämpfen, steht sie auch als Vorbild auf derselben Stufe wie sie und kann zum Freund und Beistand der Kinder werden.

Wenn die Puppe ein Kind darstellt, vereinfacht das den Prozess der Identifikation bereits im Vorfeld, weil sich die Kinder in ihrer Gestalt wiederfinden. Auch bei Puppen, die Erwachsene, Hexen, Clowns oder Tiere darstellen, kommt es zur Identifikation, sobald die Kinder sie sympathisch finden. Es empfiehlt sich aber sehr, auch diese Puppen wenigstens ansatzweise mit einem kindlichen Wesen auszustatten. Natürlich können auch coole Jugendliche oder Er-

Es gibt tierisch viele Möglichkeiten, die Puppen einzusetzen.

wachsene gespielt werden, in denen nichts Kindliches mehr lebendig ist, aber dann muss es nicht verwundern, wenn das Spiel auf einmal schwer fällt und für die Kinder langweilig wird.

Wenn Puppen „ernsthafte" Erwachsene darstellen sollen, können sie zwar mit Selbstironie gespielt werden, doch sind Kinder nur sehr begrenzt in der Lage, Ironie zu verstehen.

Das Spiel mit Tierpuppen

Der Einsatz von Tierpuppen kann das Spiel auf ganz besondere Weise bereichern: Zum einen wird mit einer Tierpuppe automatisch der Bereich des Märchens und der Fabel betreten, in dem Dinge, Pflanzen und Tiere über Bewusstsein und Gefühle verfügen und sprechen können. Zum anderen wecken Tiere, die dem Kindchenschema (große Augen, runder Kopf, kleiner Körper) entsprechen, Beschützerinstinkte, so dass Kinder auf sie besonders intensiv reagieren (vgl. Steinmann 2004, S. 187). Außerdem fällt es Kindern oft leicht, Tieren bestimmte Eigenschaften zuzuordnen: Der Löwe ist stark, der Hase ängstlich und die Ameise fleißig. Auf diese Weise bieten die Tiere Kindern hervorragende Projektionsflächen an, die insbesondere für die therapeutische Arbeit genutzt werden können.

Manche Tiere werden jedoch mit ambivalenten Eigenschaften belegt. So kann die Schlange gefährlich oder aber weise sein, der Fuchs kann klug, aber auch hinterlistig gespielt werden und ein Bär kann ein gemütliches und plumpes Wesen haben oder aber auch wild und gefährlich sein (vgl. Gauda 2001, S. 181 ff.).

Wenn eine Tierpuppe eingesetzt werden soll, um bestimmte Eigenschaften zu verkörpern und zu verdeutlichen, ist es wichtig, das Wesen der Puppe auf diese Eigenschaften zu beschränken. Ein Rabe, der als Freund der Kinder im Kindergarten gespielt wird, kann grundsätzlich über alle möglichen Eigenschaften und Leidenschaften verfügen (➜ *Charakter und Biografie der Puppe*, S. 13 f.). Soll er aber als Stellvertreter für die Habgier des Menschen herhalten, empfiehlt es sich, sein Wesen auf diese Eigenschaft zu reduzieren, oder zumindest diese eine Eigenschaft in den Vordergrund zu rücken. Dadurch wird die Rolle der Puppe klarer und Projektionen werden erleichtert.

Wenn Tierpuppen genutzt werden sollen, um menschliche Eigenschaften zu verkörpern, ist es ratsam, über ein ganzes Arsenal an Tierpuppen zu

Der Löwe ist stark, der Hase ist ängstlich, die Ameise fleißig, …

… und der Wolf wild und gefährlich.

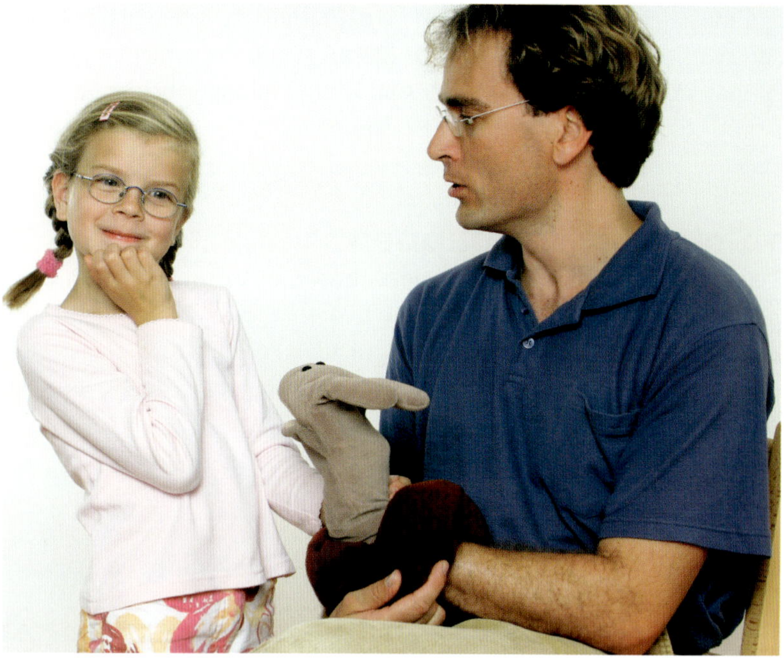

Die Schnecke zeigt, …

… dass es auch langsam geht.

verfügen, so dass je nach Anlass und Thematik unterschiedliche Tiere ausgewählt werden können. Geht es in der Gruppe oder bei dem einzelnen Kind um Wildheit und Aggression, kann der Wolf zum Einsatz kommen, stehen Geduld und das Weiterkommen in ganz kleinen Schritten als Thema im Raum, wird natürlich die Schnecke gewählt. Handelt es sich um eine Krise und das Wunder der Verwandlung mit all der Trägheit und Unsicherheit, dem Warten und Schlafen und schließlich der großen Leichtigkeit, werden Raupe und Schmetterling hervorgeholt.

Wenn eine Tierpuppe verschiedene Eigenschaften verkörpern kann, empfiehlt es sich, die betreffende Puppe zunächst relativ neutral und zurückhaltend zu spielen und abzuwarten, welche Erwartungen sie bei den Kindern auslöst. Erwarten die Kinder vom Fuchs Gemeinheiten und Hinterlist, projizieren sie auf ihn also die (eigene) Verschlagenheit, ist es sehr empfehlenswert, ihn auch mit diesen Eigenschaften auszustatten. Sehen sie in ihm jedoch das kluge Tier, das ihnen Rat und Unterstützung bietet, sollte die Puppe in der Rolle des Beratenden gespielt werden. Auf diese Weise kann das Spiel die Erwartungen der Kinder erfüllen und ihre Bedürfnisse befriedigen.

Wo ein solcher Spielansatz Klischees unterstützt, die nicht der Wirklichkeit entsprechen, enthält er jedoch seine Tücken: Natürlich sind Schnecken langsam (jedenfalls solange sie nicht mit dem Wachstum eines Stalagmiten verglichen werden), aber Schweine sind z. B. sehr saubere Tiere (sie wälzen sich nur im Schlamm, um sich zu reinigen und legen sich niemals in den eigenen Mist) und Esel sind sehr klug … Im Einzelfall muss immer wieder neu geprüft werden, ob das kindliche Bedürfnis nach Projektion oder die Aufgabe der Aufklärung Vorrang bekommen sollen. Dabei ist es für SpielerInnen hilfreich, über ein möglichst gründliches Wissen bezüglich der Symbolik und der Verhaltensweisen der von ihnen bespielten Tiere zu verfügen.

Auch im Sachunterricht und in der Umwelterziehung sind Tierpuppen besonders von Vorteil: Sie können als Vermittler und Fürsprecher für andere Tiere und Pflanzen fungieren und so ein Mitdenken und Mitfühlen mit der Umwelt erreichen: Wenn die Kinder einen Tag im Wald verbringen, bespricht eine kleine Schnecke mit ihnen, wie wichtig es ist, mit den Tieren, Insekten und Pflanzen achtsam umzugehen und welche Regeln dabei gelten. Und ein Rabe erzählt, wie der Ort früher einmal aussah, als die Stadt noch ein Dorf war, und wie viele Tiere damals in den Wäldern lebten.

Viele Tierpuppen lassen sich nur mit einer Hand bespielen. Dabei werden sie häufig einfach über die Spielhand gezogen und frei im Raum gespielt, was für die Spielillusion jedoch nachteilig ist: Zum einen ist in dieser Spielhaltung der Übergang vom Arm der Spielerin bzw. des Spielers zur Puppe deutlich zu sehen, und das wirkt oft unschön und störend. Zum anderen scheint die Puppe nun zu schweben, und das können die meisten Tiere einfach nicht (still vor sich hinschweben können nur Libellen und Gespenster …). Handelt es sich bei der Puppe um ein Tier, das fliegen kann, muss es zumindest Flugbewegungen machen, damit die Illusion des Fliegens geschaffen wird. Es ist ein sehr schöner Effekt, einen Schmetterling oder Vogel einmal kreuz und quer durch den Raum fliegen zu lassen. Aber sobald die Sequenz etwas länger andauern soll, empfiehlt es sich, auch für diese Puppen eine ruhigere Position zu suchen – das Spiel wird sonst einfach zu unruhig. In diesem Fall ist es ratsam, die Puppe auf dem eigenen Schoß zu spielen.
Wenn die Puppe sehr klein sein sollte und für ein größeres Publikum auf dem Schoß nicht mehr sichtbar ist, empfiehlt es sich, eine Art Kulisse zu erschaffen. Das kann z. B. eine Tasche, ein Korb, eine Jacke oder eine Decke sein, die Sie auf Ihren Schoß nehmen oder auf einen Tisch stellen, und von wo Sie dann die Puppe spielen. Eine solche Kulisse hilft Ihnen, Ihre Hand zu verbergen, so dass die Puppe von Ihrer Person losgelöst wirkt. Außerdem bietet sie dem Spiel einen Rahmen und erhöht die Bühnenfläche, so dass die Puppe besser zu sehen ist (→ *Wer sitzt wo?*, S. 54 f.).
Eine andere Möglichkeit besteht darin, die Tierpuppe auf dem Arm zu spielen, so dass es aussieht, als würde sie getragen. Bei dieser Spieltechnik bildet der Körper der Spielerin bzw. des Spielers die Kulisse. Weil die Puppe ganz offensichtlich getragen werden muss, geht ihre Selbstständigkeit etwas verloren. Die Spieltechnik ist jedoch unkompliziert und bietet den Vorteil, dass Sie Ihre Puppe leicht und glaubwürdig im Raum bewegen.
Viele Tierpuppen kommen ohne den bespielbaren Mund aus, was dem Ausdruck jedoch keinen Abbruch tun muss. Auch ohne dass sich ihr Mund bewegt, kann der Puppe eine Stimme verliehen und sie lebendig und überzeugend gespielt werden. Wenn eine Puppe über keinen bespielbaren Mund verfügt, kann sie auch stumm gespielt werden, was dem Spiel einen besonderen Zauber verleiht. In diesem Fall unterhält sich die Spielerin oder der Spieler mit der Puppe, ohne dass die Kinder die Puppe dabei hören kön-

Niemand erzählt bessere Geschichten vom Wald als der Rabe.

nen. Das geschieht entweder dadurch, dass die Puppe nur flüstert, oder eine Art telepatischen Kontakt zur Spielerin bzw. zum Spieler aufnimmt:

Frau Schmidt trägt ihre kleine Maus auf dem Arm, die auf einmal in der Luft herumschnüffelt. Dann hält sie inne und blickt zu ihr hoch und die beiden sehen sich an.
„Was meinst du …? Was …? Es riecht hier nach Geburtstag …?"
Die Maus nickt.
„Ach, was, Geburtstage kann man doch nicht riechen!"
Die Maus ruckt energisch mit ihrem Kopf.
„Du schon? Aber wonach riecht denn so ein Geburtstag …?"
Frau Schmidt neigt ihr Ohr zu der Maus, die kleine Bewegungen macht, so dass es aussieht, als ob sie spräche.
„Nach Geschenkpapier und Freude und Kerzenrauch …? Also das ist ja was …. Ach, und es riecht sogar nach altem Geburtstag?"
Die Maus nickt.
„Hatte da jemand gestern Geburtstag?"
Wieder nickt die Maus und schnüffelt in die Richtung, in der Maja sitzt, die am Tag zuvor Geburtstag hatte.
„Aus dieser Richtung kommt es …?"

Die Puppe als Gast

Die Puppe seufzt tief: „Schade, schade, schade, aber jetzt muss ich schon wieder gehen …"
„Oooohhhhh …"
„Ja … ich muss den Wasserhahn noch reparieren, der tropft nämlich und sonst kriege ich noch eine Überschwemmung."
„Aber kommst du dann morgen wieder?"
Sie kratzt sich an der Stirn. „Äh … morgen … Also, äh, ich glaube, morgen geht es nicht …"
„Aber wann kommst du denn dann wieder?"
Die Puppe streicht sich mit ihrer Hand nachdenklich über den Mund. „Hm … Das ist so dumm, das weiß ich nie so genau. Es passieren immer so viele Sachen, und heute weiß ich nie, was ich morgen am liebsten machen will. Vielleicht will ich dann ja auf einmal doch nicht zu meiner Tante, sondern muss unbedingt zum See gehen, um nach den Fischen zu gucken. Bestimmt vielleicht komme ich aber nächste Woche wieder vorbei – denn irgendwer muss hier ja mal ab und zu nach dem Rechten sehen …"

In vielen Einrichtungen ist die Puppe ununterbrochen gegenwärtig. Sie hat ihren Stammplatz auf dem Sofa, der Kommode oder dem Fensterbrett. Von dort wird sie herbeigeholt, wenn sie bespielt werden soll, und dorthin kehrt sie zurück, wenn ihr Auftritt zu Ende ist. In einer therapeutischen Praxis kann sie in einem Regal zwischen vielen anderen Spielangeboten sitzen. Der Vorteil dieses Spielansatzes ist, dass die Kinder das Spiel mit der Puppe selber initiieren können. Sie entscheiden selbst bzw. machen deutlich (*„oh … wer ist das denn?"*), ob oder wann sie sich auf die Puppe einlassen wollen oder ob etwas anderes gerade dran ist. Sie müssen dazu nur die Puppe ansprechen, sie herbeiholen oder ihre ErzieherIn, ihre LehrerIn, ihre TherapeutIn etc. bitten, sie zu spielen. (Zu der Frage, ob es sinnvoll ist, die Kinder die Puppe spielen zu lassen, → *Kalle ist auf der Hut – die Illusion des Spiels schützen*, S. 99 f.).
Wenn die Puppe in einer Kindergartengruppe oder Schulklasse ständig anwesend ist und die Kinder sie größtenteils leblos und unbespielt erleben, besteht die Gefahr, dass sie ihre Faszination sehr schnell verliert und im Alltag einfach untergeht. Hier empfiehlt es sich deshalb sehr, der Puppe nicht den Status eines Gruppenmitglieds, sondern den eines Gastes zu geben. Wenn sie ein Gast sein darf, der plötzlich zu Besuch kommt und dann wieder verschwindet, kann das Spiel begrenzt und die Puppe davor bewahrt werden, durch eine Überdosierung in die Belanglosigkeit zu geraten (→ *Die Tasche*, S. 56 f.).

Wenn die Puppe die Kinder wie ein Gast besucht, bleibt ihre Faszination erhalten.

Die Puppe in der Familie

Spielen Sie die Puppe bei sich zu Hause, ist es schwieriger, ihr die Rolle des Gastes zu geben und sie für die meiste Zeit irgendwo zurückzuhalten. Wenn sie den Kindern gehört, ist das auch gar nicht möglich. In diesem Fall ist die Puppe Familien- oder WG-Mitglied. Aber auch hier stellt sich die Frage, was getan werden kann, damit die Puppe nicht zum bloßen Dekorationsobjekt verkommt.

Folgende Möglichkeiten bieten sich an, wenn die Puppe im Familienalltag gespielt werden soll:

- Gewöhnen Sie sich an, die Puppe zu bestimmten Zeiten und Gelegenheiten ins Spiel zu bringen, z. B. beim Zubettgehen, bei einem Geburtstag oder auf langen Autofahrten.
- Nutzen Sie die Puppe, um einen spielerischen Umgang mit Themen zu finden, die Sie und Ihre Kinder beschäftigen.
- Achten Sie auf die Momente, an denen Sie Lust haben zu spielen. Ihre Spielfreude ist da – haben Sie nun auch das passende Publikum für eine kleine Spielsequenz? (➜ *Klein beginnen*, S. 45)
- Achten Sie auf die Momente, an denen Ihre Kinder von Ihnen einfordern, dass Sie die Puppe bespielen. Sie haben nun ein Publikum – die Frage ist nur, ob Sie jetzt auch spielen wollen und ob Sie sich die Freiheit gönnen, Ihre Alltagsroutine zu unterbrechen und in die Ausnahmesituation des Spielens einzutreten. Wenn Sie keine Lust haben zu spielen oder sich zu erschöpft dazu

Was tun, damit die Puppe in der Familie nicht zum bloßen Dekorationsobjekt verkommt …?

fühlen (was im durchschnittlichen Alltagsstress oft der Fall sein kann), lassen Sie ruhig Ihre Puppe mit genau dieser Stimmung das Spiel beginnen (➔ *Die eigenen Gefühle ins Spiel bringen*, S. 64 f.).

Susi schüttelt langsam ihren Kopf und murmelt zu sich selbst: „Oh, oh … ich kann nicht mehr … ich bin einfach alle … aber bestimmt erwarten die Kinder jetzt, dass ich wieder lustig bin …" Pause.
Sie seufzt: „O je … aber in mir ist gerade gar keine einzige Faser mehr lustig. Und ich bin so müde … Ich kann jetzt nichts mehr machen, außer – außer vielleicht … also das einzige, was ich jetzt noch so richtig, richtig gut machen könnte …", ihre Stimme wird immer leiser, „das ist Schlafen …" und sie sackt zusammen und fängt an zu schnarchen.
Die Kinder fangen an zu schreien, die Puppe zuckt zusammen und wacht erschreckt wieder auf: „Ja … nee … das wäre ja auch blöde, wenn ich jetzt einschlafen würde, ich bin ja schließlich dafür da, immer …" Die Puppe gähnt. „… immer und immer lustig zu sein und …" Sie schläft schon wieder ein.

Wenn Sie in dieser Richtung noch ein wenig weiterspielen, könnten sich Ihre Einstellung zu Ihrer Müdigkeit und Ihre Unlust zum Spielen sehr schnell verändern und die Puppe das Schwere in Leichtes verwandeln …

Spielerisch Inhalte vermitteln

Die Puppe kann helfen, Inhalte zu vermitteln, Themen anzusprechen, Situationen zu verdeutlichen oder Konflikte zu lösen, und das tut sie unter Umständen viel leichter und eindrucksvoller, als das ein Erwachsener je tun könnte. Sie übernimmt Rollen, die Erwachsene nur schwerlich übernehmen können, und verfügt über Zugänge zu Kindern, die ihnen versperrt sind. Das alles kann für die pädagogische Arbeit genutzt werden.

Aber Vorsicht! Soll die Puppe eingesetzt werden, um Kindern dabei zu helfen, neue Inhalte oder Verhaltensweisen zu lernen, besteht schnell die Gefahr, dass das Spiel durch die pädagogischen Absichten zu sehr befrachtet wird. Eine Puppe, die nur noch damit beschäftigt ist, Kindern etwas beizubringen, sie zu motivieren oder zu korrigieren, verlässt den Bereich des Spiels, und das kann fatale Folgen haben: Die Freude am Geschehen nimmt ab – nicht nur bei den Kindern, sondern auch bei der Spielerin oder dem Spieler, und die Puppe beginnt, die Liebe der Kinder zu verlieren. Achten Sie deshalb darauf, die pädagogischen Zielsetzungen gründlich in das Spielerische einzubetten und sie im Zweifelsfall dem Spiel unterzuordnen. Wo das gelingt, können die Kinder durch das Spiel unbekümmert und wie aus Versehen lernen.

Es ist jedoch nicht immer leicht, ein gutes Verhältnis zwischen dem Spiel und den pädagogischen Zielsetzungen zu finden. Oft ist es wie eine Wippe: Nehmen Spiel und Freude zu, verdünnisieren sich die pädagogischen Inhalte; nimmt aber die Pädagogik zu, lässt der Spaß am Spiel nach. Halten Sie sich im Zweifelsfall an die Freude und erlauben Sie sich, auch völlig zweckfrei zu spielen. Denn wenn den Kindern Ihr Spiel Freude bereitet, erfüllt es *eine* Funktion allemal – es verwandelt ihre Stimmung und hilft ihnen vielleicht gerade dadurch, sich leichter auf die nächsten Lernschritte einzulassen.

Agieren Sie mit Freude und erlauben Sie es sich, auch einmal völlig zweckfrei zu spielen.

Je größer der Druck ist, mit Kindern in einer kurzen Zeit bestimmte Ziele zu erreichen, desto mehr Überwindung kostet es, die Puppe einzusetzen. In dieser Situation besteht die Gefahr, die Zeit, die spielerisch mit den Kindern verbracht wird, abzuwerten. Das kann z. B. durch folgende Gedanken geschehen:

- „Wenn das Spiel mit der Puppe fünf Minuten dauert, habe ich fünf Minuten weniger für die ‚eigentliche' Arbeit mit den Kindern!"
- „Nicht jetzt – sieh zu, dass du fertig wirst! Es gibt wichtigere Dinge, als hier herumzuspielen!"
- „Ich kann es mir nicht leisten, die Zeit so zu vertrödeln!"

Und wehe, wenn Ihnen Ihr Spiel dann selbst auch noch so viel Spaß macht, dass Sie – genau wie das Kind oder die Kinder – alle Arbeit für einen Moment lang vergessen!

Sie können sich überlegen, ob Sie diesen im wahrsten Sinne des Wortes spielverderberischen Gedanken folgen möchten. In der Regel zahlt sich die Zeit, die Sie sich und anderen für Freude, Entspannung und den Aufbau einer Beziehung gönnen, aber vielfach aus, und die Wahrscheinlichkeit ist groß, dass Sie durch die gelöstere Stimmung insgesamt viel weiter kommen, als wenn Sie auf den Einsatz der Puppe verzichtet hätten. Und warum nicht auch die Gelegenheit nutzen, sich mitten im Arbeitsleben selbst etwas Freude zu gönnen? Fünf Minuten sind schließlich nur fünf Minuten …

Welche Puppe passt am besten?

Wenn Sie eine Puppe erwerben wollen und unsicher sind, welche es denn sein soll, hören Sie auf Ihr Herz. Suchen Sie sich die Puppe aus, die Sie am schönsten finden und die Sie am meisten anspricht. Wenn es z. B. der Rabe ist, wählen Sie den Raben, wenn es ein bestimmtes Mädchen ist, nehmen Sie das. Die Pup-

Welche Puppe soll es sein?

pe, die Ihnen am besten gefällt, werden Sie am besten spielen können.

Wenn für Sie grundsätzlich verschiedene Arten von Puppen in Frage kommen und die Puppe in der Arbeit mit Kindern eingesetzt werden soll, ist es ratsam, zuerst eine Kinderpuppe zu nehmen, da sich die Kinder leicht mit ihr identifizieren können.

Mit Hilfe von Requisiten und Ergänzungen am Kostüm kann sich eine Kinderpuppe außerdem in eine Vielzahl anderer Charaktere verwandeln: Mit einem Besen und einem spitzen Hut wird sie zu einer Hexe, mit einer roten Nase zu einem Clown und mit einer Augenklappe und einem Kopftuch zu einem Piraten. Andersherum lassen sich Piraten-, Clown- und Hexenpuppen jedoch nur schwerlich in Kinder verwandeln, und der spezielle Typus dieser Puppe wird das Spiel immer mitbestimmen. Wenn ein Zauberer auftaucht, erwarten die Kinder etwas Magisches oder Märchenhaftes, ein Clown erklärt einfach nicht so überzeugend, wie eine Dampfmaschine funktioniert (es sei denn, er erzählt lauter Quatsch), und es wäre schon ein bisschen merkwürdig, wenn ausgerechnet ein Pirat helfen soll, einen Streit zu schlichten. Andererseits gilt jedoch: Es ist Spiel und im Spiel sind alle Dinge möglich …

Für die therapeutische Arbeit bieten sich zur Auswahl der Puppen zwei unterschiedliche Ansätze an: Zum einen können Sie mit einer einzigen Puppe arbeiten, die in eine ganz besondere Beziehung zu den Kindern tritt (➜ *Rollen und Funktionen der Puppe*, S. 6 ff.). Zum anderen eignen sich hier auch sehr gut Tierpuppen. Dabei ist es jedoch wichtig, verschiedene Puppen, am besten sogar einen ganzen Fundus von Tierpuppen, zu erwerben und sich mit den typischen Eigenschaften und Kennzeichen der jeweiligen Tiere vertraut zu machen, bevor Sie sie ins Spiel bringen (➜ *Das Spiel mit Tierpuppen*, S. 17 f.).

Hand- und Mundwerk – das Führen der Puppe

Eine gute Puppenführung hilft Ihnen, den Zauber der Puppe zu entfalten: Sie sorgt dafür, dass die Puppe in die richtige Richtung blickt, sich ihr Mund synchron zu ihrer Stimme bewegt und ihre Hände lebendig erscheinen. Sie erzeugt und erhält die Illusion des Spiels und schützt sie vor Störungen und Irritationen. Sie hilft dem Publikum, sich auf das Spiel einzulassen und intensiviert die Faszination der Puppe.

Es braucht etwas Übung, ein Gefühl für die Führung der Puppe zu entwickeln: Die Hände benötigen Zeit, um sich an neue Koordinationsmuster zu gewöhnen und Bewegungsabläufe zu automatisieren. Die folgenden Anregungen und Übungen werden Ihnen bei diesem Prozess helfen, und mit ein wenig Hartnäckigkeit werden Sie schnell Fortschritte machen und feststellen, wie reich Sie für die Mühen des Übens belohnt werden. Ihr Spiel wird schöner werden. Je mehr Sie üben und spielen, desto selbstverständlicher werden Sie Ihre Puppe führen, bis sich die Puppe schließlich wie von selbst bewegt und Sie frei werden, sich ganz auf das Spielgeschehen zu konzentrieren.

Um zu sehen, wie die eigene Puppe wirkt, hilft in vielen Fällen ein Spiegel weiter; für manche Übungen ist es jedoch ratsam, mit einer Partnerin oder einem Partner zu arbeiten.

zurückhaltend …

frech …

Wohin mit den Händen?

Damit die Puppe in der Lage ist, bei der Begrüßung oder zum Abschied die Hand ihres Gegenübers zu schütteln, empfiehlt es sich, die rechte Hand der

Puppe mit der eigenen rechten Hand zu bespielen. Mit Ihrer linken Hand bespielen Sie dann den Kopf der Puppe. Dazu führen Sie den Daumen unter den Mund der Puppe und die anderen vier Finger über den Puppenmund.

Will die Puppe jemanden umarmen, ein Seeräuberlied mit Händeklatschen begleiten oder mit einem Kind einen Tanz vollführen, können Sie auch beide Hände der Puppe bespielen und der Puppenkopf bleibt für eine Weile unbespielt.

Die Puppe auf dem Schoß

Große Puppen lassen sich besonders bequem und gut spielen, wenn sie auf dem Schoß der Spielerin oder des Spielers sitzen (deshalb werden sie auch manchmal Schoßpuppen genannt). Es ist dabei jedoch nicht empfehlenswert, die Puppe frontal vor sich sitzen zu lassen, so dass sie mittig auf dem Schoß sitzt: Das Gelenk der Hand, mit dem der Kopf der Puppe geführt wird, muss in dieser Position ständig etwas angewinkelt werden, und das ist auf Dauer anstrengend. Wenn Sie den Kopf der Puppe mit Ihrer linken Hand bespielen, ist es viel bequemer, sie auch auf das linke Bein zu setzen. Dort kann sie dann an verschiedenen Positionen sitzen:

- Wenn die Puppe ganz nah bei Ihnen sitzt, so dass ihr Rücken an Ihren Oberkörper lehnt, gehören Sie selbst automatisch zur Kulisse. Die Puppe wirkt zurückhaltend und anlehnungsbedürftig, und das Bild, das dabei entsteht, ist das eines schutzbedürftigen Kindes, das bei seiner Mutter oder seinem Vater auf dem Schoß sitzt.
- Wenn Sie die Puppe vorne auf Ihr Knie setzen, wirkt sie frecher, selbstständiger und losgelöster von Ihnen.
- Wenn die Puppe auf Ihrem Bein in der Mitte zwischen Knie und Hüfte sitzt, verfügen Sie

… oder zu allem bereit …

über die meisten Spielmöglichkeiten. Aus dieser Position kann sie in Richtung Knie rutschen, wenn sie neugierig ist, etwas sucht oder haben will, und wenn sie Angst hat oder sich plötzlich erschrickt, kann sie zu Ihnen zurückweichen. Gleichzeitig besteht genügend Abstand zwischen Ihnen und der Puppe, so dass Sie im Hintergrund verborgen bleiben.

Die Augen

Der Blick der Puppe zeigt, wem oder was sie ihre Aufmerksamkeit schenkt. Sie kann ihre Hände, einen Fleck auf ihrer Hose oder einen Vogel vor dem Fenster ansehen. Sie schaut das Publikum oder das Kind an, das ihr gegenüber sitzt. Mit ihrem Blick stellt sie den Kontakt her, mit ihren Augen zieht die Puppe ihr Gegenüber in den Bann.

Mit ihren Augen zieht die Puppe den Betrachter in ihren Bann.

Weil Sie hinter der Puppe sitzen, können Sie meistens nur ihren Hinterkopf sehen. Aus dieser Position ist es schwer zu bestimmen, wohin die Puppe eigentlich blickt, und so kann es zu Ungenauigkeiten bei der Führung des Puppenkopfes kommen, die eventuell irritierende Szenen nach sich ziehen: Die Puppe spricht z. B. ein Kind an und sieht ihm dabei auf die Schulter statt in die Augen, sie begrüßt eine Gruppe von Kindern und spricht dabei zur Decke anstatt zu den Kindern oder sie liest etwas vor und sieht dabei gar nicht in ihr Buch. Um ein Gefühl für die Führung des Puppenkopfes zu entwickeln, empfiehlt sich folgende Partnerübung.

Partnerübung: Blickkontakt herstellen

Sie schlüpfen in Ihre Puppe und setzen sich mit ihr auf einen Stuhl, während Ihre Partnerin oder Ihr Partner Ihnen im Abstand von zwei Metern gegenüber steht. Führen Sie den Kopf der Puppe nun so, dass sie ihrem Gegenüber direkt in die Augen sieht. Tut sie das nicht, führt Ihr Partner seine Handfläche genau dorthin, wohin die Puppe blickt. Schaut die Puppe also auf eine Stelle, die 30 cm oberhalb der Augen Ihres Partners liegt, hält er seine Hand 30 cm über seinen Kopf. So können Sie erkennen, wohin Ihre Puppe tatsächlich blickt und Ihre Puppenführung korrigieren, bis Sie den Blickkontakt hergestellt haben.

Wenn die richtige Kopfhaltung erreicht ist, behalten Sie die Position kurz bei, um ein Gefühl für die Haltung der Puppe zu entwickeln. Dann ändert Ihr Partner seine Position (geht in die Hocke, steigt auf einen Stuhl, kommt ganz nah heran oder geht weiter weg) und die Übung beginnt von neuem.

Variation: Sobald Sie ein erstes Gefühl für die Führung des Puppenkopfes gewonnen haben, können Sie üben, die Puppe Ihrem Partner hinterhersehen zu lassen, während dieser durch den Raum geht. Wenn sich Ihr Gegenüber dabei verfolgt fühlt, haben Sie Ihr Ziel erreicht.

Tipp: Da die Stirn der Puppen schräg geschnitten ist, haben sie eine Tendenz, zu hoch zu gucken. Damit die Puppe geradeaus blickt, müssen Sie Ihr Handgelenk dementsprechend immer etwas nach unten abknicken.

Spielidee zur Führung des Puppenkopfes

Mit einer kleinen und etwas verrückten Geschichte können Sie Ihr Publikum dazu einladen, die Kopfhaltung der Puppe während des Spiels zu korrigieren. Alles was Sie dazu brauchen ist ein kleines Fläschchen mit Augentropfen:

Die Puppe zeigt den Kindern das Fläschchen und erzählt, dass sie gerade vom Arzt gekommen ist:
„Ich habe subdiffuses Augenverschieben … Wisst ihr, was das ist? Wenn man das hat, dann guckt man schief: Zu hoch, zu tief oder wo ganz anders hin. Gerade ist es ganz besonders schlimm. Wo seid ihr eigentlich?“
Die Puppe blickt auf den Fußboden. Die Kinder rufen, dass sie höher gucken muss.
„Ah, da seid ihr ja! Danke! Ja, und wegen meinem Augenverschieben muss ich jetzt diese Augentropfen nehmen. – Hoffentlich brennen die nicht … Und der Arzt hat gesagt, ich soll mir Freunde suchen, die mir helfen und mir immer Bescheid sagen, wenn ich mal nicht richtig gucke – aber ich habe schon den ganzen Vormittag gesucht und ich finde einfach niemanden, der mir helfen will …“
Im Handumdrehen sind die Kinder motiviert, der Puppe zu helfen, wenn sie einmal in die falsche Richtung blickt.

Jede Puppe schaut anders und muss deshalb auch unterschiedlich geführt werden.

Jede Puppe schaut anders

Je nach Hersteller und Modell ist jede Puppe etwas anders geschnitten. Selbst bei dem gleichen Modell desselben Herstellers kann es zu Abweichungen kommen. Deshalb muss jede Puppe auch ein wenig anders geführt werden.
In seltenen Fällen kommt es aber auch vor, dass die Augen einer Puppe asymmetrisch angenäht sind, so dass die Puppe schielt. Wenn die Fehlstellung besonders groß ist, wird es unmöglich, einen Blickkontakt mit der Puppe herzustellen, so dass nur noch eine Augenklappe oder der Umtausch der Puppe Abhilfe schaffen können. Stehen die Augen einer Puppe zu weit auseinander bzw. sitzen sie seitlich am Kopf, wie es z. B. bei vielen Tierpuppen der Fall ist, können ähnliche Schwierigkeiten auftreten: Eine Puppe, die einem Papagei naturgetreu nachgebildet ist, bekommt einen treuen Hundeblick einfach nicht hin …
Bei manchen Puppen sind die Augen auch durch struppige Augenbrauen verdeckt. In diesem Fall verhelfen Sie Ihrer Puppe unter Verwendung einer Schere leicht wieder zu Durchblick.

Die bespielte Hand

Das Aussehen der Puppe, ihre Augen und ihr beweglicher Mund tragen wesentlich zu ihrer ausdrucksstarken Wirkung bei. Indem Sie die Hand der Puppe lebendig bespielen, verstärken Sie diese Faszination noch.
Am Anfang kann es vorkommen, dass Sie die Hand der Puppe vernachlässigen müssen, weil Sie Ihre Aufmerksamkeit dafür benötigen, den Puppenkopf zu führen. Dann geschieht es, dass die Puppe ihre Hand oft einfach nur vor ihren Bauch hält, so dass es aussieht, als habe sie Bauchschmerzen. Das ist nicht schlimm. Aber sobald Sie sicherer darin werden, den Kopf Ihrer Puppe zu führen, können Sie Ihre Aufmerksamkeit auch auf die Hand der Puppe lenken.

Wenn Sie die Hand Ihrer Puppe lebendig bespielen wollen, hilft es, sich vorzustellen, dass die Hand ein kleines Wesen für sich ist, das über ein wuseliges Eigenleben verfügt. Nur in den ganz stillen Momenten des Spiels kommt sie zur Ruhe, ansonsten ist sie immer in Bewegung: Sie streicht durch das Haar, kratzt an der Nase, zupft an der Hose herum oder spielt mit ihrer Halskette.
Sie können Ihrer Puppe auch einen kleinen Tick geben, so dass sie sich immer wieder mit ihrer Hand über ihr Knie fährt und dabei hüstelt, mit den Fingern in den Haaren dreht und dabei seufzt oder ähnliche Routinen wiederholt.
Abgesehen davon können Sie die Hand dazu nutzen, um mit ihr zu gestikulieren. Auf diese Weise erzählt die Hand mit.

Sobald Sie die Führung des Puppenkopfes beherrschen, beginnen Sie damit, die Hand der Puppe agieren zu lassen.

Die Hand erzählt mit

„Das Goldstück, das mir die Prinzessin dafür geschenkt hat, dass ich ihre Hose aus der verzauberten Fahrradkette befreit habe, war soooo groß!“

„Opa hatte ja noch gesagt: Aber pass bloß auf, dass der Räuber nichts von der Sache erfährt, sonst klaut er dir das Ding bestimmt!“

„Und deswegen beschloss ich, Joe die Geschichte erst in unserem Geheimversteck zu erzählen.“

„Aber nun ratet mal, wer hat sich wohl angeschlichen und trotzdem alles erlauscht?“

Partnerübung: Die Führung der Hand

Die Puppe erzählt Ihrer Partnerin oder Ihrem Partner, was sie beim Aufräumen auf dem Dachboden oder beim Umgraben des Komposthaufens alles entdeckt hat. Rutscht die Hand der Puppe in die Bauchweh-Haltung, kann Ihre Partnerin oder Ihr Partner gegen die Hand stupsen, um diese wieder ins Leben zu rufen.

Die unbespielte Hand

Während des Spiels hängt der unbespielte Arm oft schlaff und leblos an der Puppe herab. Sollte Sie das stören, können Sie ihn mit Watte füllen, doch dann sind Sie nicht mehr in der Lage, spontan die Hände zu wechseln oder beide Hände der Puppe zu spielen. Außerdem stört die unbespielte Puppenhand die Kinder nur selten. Wenn sie aber doch einmal zum Thema werden sollte, können Sie Ihre Puppe eine Geschichte erzählen lassen, wie sie ihren Arm verletzte, so dass er taub wurde (z. B. beim Kampf gegen eine seltene afrikanische Würgeschlange, beim Armdrücken mit Rotbart-Pepe, dem dicksten Seeräuber aller Zeiten, oder durch den Stich einer Faulenzer-Wespe in den Gurgel-Sümpfen von Pampedonien …).

Die Puppe sprechen lassen

Es ist wichtig, dass Sie den Mund der Puppe synchron zu Ihrer Stimme bewegen. Dabei ist es nicht nötig, dass er sich für jede einzelne Silbe öffnet und wieder schließt, aber er muss sich öffnen und schließen, sonst ist die Illusion, dass die Puppe tatsächlich spricht, gestört. Wenn die Puppe schreit oder einzelne Laute besonders betont, öffnet sie ihren Mund länger und weiter als bei ihrer normalen Sprechweise. Je kraftvoller Sie dabei den Mund der Puppe öffnen und wieder schließen, desto deutlicher und überzeugender werden die Mundbewegungen der Puppe.
Folgende Übung hilft, den Mund synchron zur Puppenstimme zu bewegen:

Partnerübung: Den Mund der Puppe synchron zur Stimme bewegen

Die Puppe erzählt ihrem Gegenüber, was sie gestern erlebt hat. Es kommt nicht auf die Geschichte, sondern auf die Bewegung des Puppenmundes an. Deshalb darf die Puppe in aller Ruhe auch Belanglosigkeiten erzählen:
„... *dann habe ich abgewaschen: Zuerst die kleinen Löffel und dann die großen. Und dann die Gabeln und die Tassen. Nach den Tassen habe ich die Gläser gespült, obwohl es ja eigentlich schlauer ist, die Gläser zuerst zu spülen, na ja. Nach den Gläsern habe ich jedenfalls ...*“
Wann immer Sie vergessen, den Mund Ihrer Puppe zu öffnen, gibt Ihnen Ihre Partnerin oder Ihr Partner ein kleines Zeichen mit der Hand, damit Sie sich wieder korrigieren. So wird Ihr Erzählfluss nicht gestört.

Tipp: Es kann vorkommen, dass Sie trotz allen Übens immer wieder vergessen, den Mund Ihrer Puppe zu öffnen, wenn sie spricht. Geschieht das nur gelegentlich und Sie spielen vor allem für Kinder, ist es nicht so schlimm: Kinder brauchen keine perfekte Illusion, um sich verzaubern zu lassen. Sie haben genug Begeisterung und Phantasie, um die Brüche zu füllen, die entstehen, wenn Sie in Ihrem Spiel einmal die Technik vernachlässigen. Wenn Sie vor älteren Kindern, Jugendlichen oder Erwachsenen spielen, ist es jedoch schon wichtig, die Grundlagen der Puppenführung zu beherrschen, da diese als Publikum in der Regel andere Ansprüche an Ihr Spiel haben werden.

Die Zunge

Viele Puppen verfügen über eine Zunge, die Sie mit Ihrem Zeigefinger bespielen können. Die Puppe kann sie herausstrecken, wenn sie zu jemandem besonders frech ist, sie kann mit ihr logopädische Morgengymnastik gegen chronisches Mundrosten betreiben oder eine Szene zum Thema „Wie küsse ich richtig?“ spielen. Wenn Sie die Puppe ganz normal sprechen lassen, empfiehlt es sich jedoch sehr, die Zunge ruhen zu lassen, weil es sonst so aussieht, als würde die Puppe schlabbern, lispeln oder ihre Zunge nicht kontrollieren können.
Sobald Sie Ihren Zeigefinger in die Zunge führen, kann es leicht geschehen, dass sich die Zunge beim Sprechen aus Versehen mitbewegt. Führen Sie deshalb den Zeigefinger nur dann in die Zunge, wenn die Zunge bewusst eingesetzt werden soll.

Kopfhaltung und Körpersprache

Wenn die Puppe ihren Kopf schnell und ruckartig bewegt, signalisiert sie Nervosität. Bewegt sie ihn nur sehr langsam, scheint sie müde, traurig oder tranig zu sein. Kratzt sie sich mit der Hand langsam an der Stirn, wirkt sie nachdenklich oder zerstreut, kratzt sie sich aber schnell, sieht es aus, als hätte sie Läuse. Streckt sie ihren Kopf nach vorne, sieht sie interessiert und neugierig aus, zieht sie ihn schnell zurück, wirkt sie ängstlich oder erschrocken. Blickt sie zu Boden und seufzt, sieht sie traurig aus.

Die Art und Weise, in der sich eine Puppe bewegt, kann Geschichten erzählen, ohne dass sie auch nur ein einziges Wort sprechen muss. Für die Puppe gilt, was auch für den Menschen gilt: Die Körpersprache schweigt nie. Sie drückt Gefühle und Stimmungen aus, ob wir uns dessen bewusst sind oder nicht. In diesem Sinne können Sie Ihre Puppe eigentlich nicht falsch führen; es gibt nur Haltungen, die mit der Spielabsicht oder dem gesprochenen Wort nicht übereinstimmen und dann zu Missverständnissen, Rätseln oder (unfreiwilliger) Komik führen, z. B. wenn die Puppe sagt: „Oh, wie schön ..." und ihren Kopf zurückzieht, oder wenn sie ganz in sich zusammengesackt ist, auf den Fußboden blickt und „das ist der schönste Tag meines Lebens" murmelt.

Missverständnisse, Rätsel und Komik können das Spiel sehr bereichern. Dabei ist es wichtig, dass sich die Spielerin oder der Spieler der Körpersprache der Puppe bewusst ist, um sie so einzusetzen, dass sie die eigene Spielidee unterstützt.

Die Körperhaltung

Um ein Gefühl für die Körperhaltung der Puppe zu entwickeln, ist es am einfachsten, wenn Sie sich zunächst angewöhnen, sie in einer Art Grundhaltung sitzen zu lassen. Dazu setzen Sie die Puppe ganz gerade und aufrecht auf Ihr Bein. Mit ihrem Blick schweift sie umher und beobachtet die Menschen und Dinge um sie herum.

In dieser Haltung wirkt die Puppe aufgeweckt, neugierig und etwas frech, was als die „normale" Stimmungslage der Puppe bezeichnet werden könnte (während bei Erwachsenen hierzulande „normal" vermutlich eher ernst, etwas abwesend und zurückhaltend ist).

Diese Grundhaltung können Sie als Ausgangs- und Endpunkt Ihres Spieles nutzen. In ihr sitzt die Puppe, bevor sie in Kontakt, große Neugierde, Abenteuer oder Angst etc. gerät. Zu ihr kann sie am Ende des Spiels oder in den Momenten der Ruhe zurückkehren.

Achten Sie darauf, den Kopf der Puppe nicht zu hoch und zu weit nach vorne zu halten, denn sonst verliert der Po der Puppe den Kontakt mit Ihrem Bein und es sieht aus, als ob sie über Ihrem Bein schweben würde. Zu einer weiteren Fehlhaltung kann es kommen, wenn Ihnen Ihre Hand im Laufe des Spieles schwer wird und Sie den Kopf der Puppe immer tiefer herabsacken lassen, so dass sie im Verlauf des Spiels immer kleiner und trauriger wirkt.

Varianten der Grundhaltung

Sobald die Grundhaltung eingeübt und vertraut ist, kann sie variiert werden. Das erreichen Sie vor allem dadurch, dass Sie den Kopf der Puppe nach vorne, hinten, oben oder unten führen: Folgende Gefühle können dadurch ausgedrückt und ggf. durch Gestik und emotionale Geräusche (➔ S. 64) unterstützt werden:

Neugier: Die Puppe streckt ihren Kopf vor, schnuppert vielleicht oder sagt „Oh ...".

Erschrecken: Die Puppe schreit auf, zieht ihren Kopf schnell zurück, behält dabei aber Blickkontakt mit dem Menschen oder dem Ding, vor dem sie Angst hat.

Ekel: Die Puppe, die etwas Ekeliges sieht, zieht ihren Kopf langsam zurück und sagt ebenso langsam: „buäh …“, „ihhhh …“, …

Angst, Schüchternheit, Scham: Die Puppe hat ihre Hand im Gesicht oder die Finger im Mund und bewegt sich nur langsam oder ruckartig. Sie bekommt kein Wort heraus. Wenn sie spricht, dann nach langer Stille und nur sehr zögerlich, leise oder in abgehackten Sätzen. Oder sie versteckt sich hinter einem Gegenstand und guckt nur ein wenig hervor, um gleich wieder dahinter zu verschwinden. Vielleicht linst sie auch zwischen den Fingern ihrer Hand hervor.

Nervosität: Die Puppe bewegt sich mit kleinen abrupten Bewegungen und stottert dabei. Sie sagt ganz oft „äh“ („Ich … äh … also … ich …“) und bekommt keinen Satz zu Ende.

Sorge und Traurigkeit: Die Puppe ist in sich zusammengesackt, blickt auf den Boden und seufzt gelegentlich. Beim Seufzen hebt sie ihren Kopf ein wenig an, um ihn mit dem Ausatmen gleich wieder zu senken.

Erleichterung: Die Puppe richtet sich mit einem Seufzer aus der zusammengesackten Körperhaltung auf und blickt (wieder) hoch.

Entspannung/Erschöpfung: Die Puppe liegt auf Ihrem Bein.

Die Mimik

Indem Sie die Haltung der Hand im Puppenkopf variieren, verändern Sie die Mimik der Puppe:

- Wenn der Daumen nach unten und die vier anderen Finger nach oben geführt werden, öffnet sich der Mund der Puppe, so dass sie staunt. Ein großes „Oooohhhhh …" verstärkt ihren Ausdruck dabei.

- Wenn Sie den Mund der Puppe schließen und die Daumenspitze und die anderen Fingerspitzen in Richtung Ihrer Handinnenfläche zurückziehen, zerknautscht der Puppenmund. Wenn Sie Ihren Daumen nun ein wenig nach vorne schieben oder zurück ziehen, ergibt sich ein neues Mienenspiel, das je nach Puppentyp anders ausfällt, und die Puppe kann fragend, angeekelt, zerknirscht oder wütend wirken.

Die Puppe steht

Will sie eine Fliege fangen oder hält sie nach feindlichen Indianerstämmen Ausschau, kann die Puppe auch auf Ihren Beinen stehen. In dieser Position ist sie etwa 25 cm größer, als wenn sie sitzt. Dement-

Wenn die Puppe steht, rückt der Spieler stärker ins Blickfeld.

sprechend muss die Hand, die den Puppenkopf führt, im Handgelenk stärker nach unten abgeknickt werden, damit die Puppe nicht zu hoch blickt.
Im Stehen wirkt die Puppe jedoch häufig unruhig. Die Beine der Puppe kommen zwar stärker zur Geltung, aber da sie sich nicht separat bespielen lassen, entsteht kein großer Gewinn für die Spielillusion. Außerdem rückt Ihr Kopf in dieser Position näher an den Kopf der Puppe heran, so dass Sie stärker in das Blickfeld des Publikums geraten, was häufig etwas ablenkt. Daher ist es ratsam, die Puppe nur dann stehen zu lassen, wenn es die Spielhandlung unterstützt, und ansonsten mit einer sitzenden Puppe zu spielen.

Die Puppe durch den Raum führen

Es gibt verschiedene Möglichkeiten, die Puppe im Raum zu bewegen oder zu tragen:

- Die einfachste besteht darin, die Puppe vor dem Bauch herumzutragen, während sie genauso wie im Sitzen mit beiden Händen bespielt wird. Das ist sehr bequem, da die Spielerin oder der Spieler auf diese Weise stehen und gehen kann, ohne die Hände aus der Puppe nehmen zu müssen. Da die Füße der Puppe in dieser Haltung keinen Kontakt mit dem Boden haben, sieht es jedoch so aus, als würde die Puppe schweben. Solange sich das Publikum leicht von dem Spiel faszinieren lässt und vor allem auf den Kopf und die Augen der Puppe achtet, kann die Puppe auf diese Weise getragen werden. Ist das Publikum jedoch technisch anspruchsvoller, ist davon abzuraten (es sei denn, Sie spielen eine Szene um Mitternacht im Spukschloss, und Ihre Puppe schwebt als Geist durch die Gänge …).
- Sie können auch in die Hocke gehen und die Puppe vor sich über den Fußboden gehen lassen, aber vermutlich ist das die unbequemste

Die schwebende Puppe

Auf dem Fußboden unterwegs …

Die Puppe wird getragen.

Art und Weise, die großen Puppen zu bespielen. Außerdem irritiert es oft, wenn die Spielerin oder der Spieler hinter der Puppe herwatschelt. Dennoch kann es – insbesondere im Spiel mit kleinen und einzelnen Kindern – Situationen geben, in denen genau dies die beste Art ist, die Puppe durch den Raum zu bewegen. Außergewöhnliche Situationen fordern außergewöhnliche Lösungen …

- Eine weitere Möglichkeit besteht darin, die Puppe auf dem Arm durch den Raum zu tragen. Dabei bespielen Sie nur den Kopf der Puppe, während Ihre nun freie Hand die Puppe trägt. In dieser Haltung gehören Sie wieder mit zur Kulisse und die Puppe wirkt etwas jünger und hilfloser als sonst.

Um dieser Wirkung entgegenzusteuern, können Sie sich von Ihrer Puppe herumkommandieren lassen. Oder Sie legen ihr für eine Weile einen Verband an, so dass sie nicht deshalb getragen wird, weil sie so klein ist, sondern weil sie einen Unfall hatte, als sie auf Opas Schrank nach einem Kompass suchen oder das Vogelnest einer Elster besichtigen wollte.

Keine Angst vor Fehlern

Wenn Sie sich an die Arbeit machen, die Führung der Puppe zu erlernen, werden Sie am Anfang immer wieder erleben, wie es an der Spieltechnik hapert, und das ist natürlich keine besonders schöne Erfahrung. In dieser Situation besteht die Gefahr, dass Ihnen der alte Quälgeist mit Namen Perfektionismus das Lernen vermiest, Sie Ihre Fehler zu gewichtig nehmen und das große Seufzen und Resignieren beginnt:

Ich finde es ganz schön schwer, auf so viele Dinge gleichzeitig zu achten. Manchmal denke ich, dass ich es nie lerne, die Puppe richtig zu bespielen.

Vielleicht ist die Technik für Sie nur deshalb so schwer, weil Sie unbedingt alles richtig und fehlerfrei machen wollen.

Natürlich will ich alles richtig machen. Wie sollte ich es denn sonst machen wollen?

Spielen und üben Sie so, dass es Ihnen Spaß macht, und wenn es Ihnen mal keinen Spaß macht, dann lassen Sie die Puppe Ihre Unlust ausdrücken: *„Oh … schon wieder üben? Fällt dir nicht mal was anderes ein? Ich meine, wir könnten doch eine Bank ausrauben oder den Bürgermeister kidnappen oder so … Immer üben, das ist doch schrecklich …“*

Oder sie schreit: *„Jetzt habe ich schon wieder vergessen, den Mund aufzumachen! Also sowas! Wenn das noch einmal passiert, dann … dann … dann … werde ich nie wieder Klebstoff essen!"*

„Ach, mir ist eher nach Seufzen zumute …"

Dann lassen Sie Ihre Puppe doch seufzen: *„Ach menno, ich glaube, ich lerne das nie. Ich glaube, ich bin wohl die allerungeschickteste Puppe auf der ganzen Welt. Ich bin ein komplett hoffnungsloser Fall. Am besten bringst du mich wieder zurück in den Laden und sagst der Verkäuferin, sie soll mich ganz hinten ins Regal stopfen, wo mich niemals jemand finden wird …"*

So können Sie mit der Puppe Ihr Üben, Ihre Arbeit und Ihre Unzufriedenheit in Spiel verwandeln und lernen, frei und respektlos mit Ihren Fehlern umzugehen. Denn wenn Sie nicht respektlos mit Ihren Fehlern umgehen, gehen ihre Fehler respektlos mit Ihnen um.

Es ist viel wichtiger, eine sorglose Puppenspielerin oder ein fröhlicher Puppenspieler zu werden, als dass Sie eine perfekte Puppenspielerin oder ein perfekter Puppenspieler werden. Denn wenn Sie der Freude folgen, kommt die Perfektion von allein.

Aber wenn ich Fehler mache, merkt es doch mein Publikum.

Die Frage ist nicht, ob das Publikum es merkt, wenn Sie Fehler machen, sondern ob es Ihr Publikum stört. Nehmen wir an, es merkt, dass Sie einen Fehler gemacht haben, und es merkt sogar, dass Sie gemerkt haben, dass Sie einen Fehler gemacht haben. In diesem Augenblick haben Sie ein Publikum gewonnen, das sehr gespannt ist, wie Sie mit Ihrem Fehler umgehen werden. Es fragt sich: Was wird sie jetzt tun? Wird sie in Scham versinken? Wird sie den Fehler überspielen und so tun, als ob nichts gewesen wäre? Wird sie an ihrem Fehler leiden und gequält weiterspielen? – Diese Varianten kennt das Publikum aus dem eigenem Alltag zur Genüge. Außergewöhnlich wäre aber ein anderer Weg: Wenn die Puppenspielerin oder der Puppenspieler die Freiheit hätte, über sich selbst zu lachen und mit „Fehlern" zu spielen. Das wäre eine Ermutigung zu Menschlichkeit und Freiheit und könnte möglicherweise sogar ansteckend wirken.

Erwartet das Publikum denn nicht, dass ich keine Fehler mache?

Nein, das glaube ich nicht. Das Publikum erwartet, unterhalten und verzaubert zu werden. Es hat Sehnsucht nach dem Wunderbaren, nicht nach dem Perfekten. Und das Wunderbare begegnet ihm bereits in der kleinen Puppe, die vor ihm sitzt und mit ihm spricht …

Den passenden Ton treffen – der Puppe eine Stimme verleihen

Stimme und Identität

Es kann sein, dass es Ihnen am Anfang schwer fällt, Ihre Stimme zu verstellen. An ihr erkennen Sie schließlich Ihre Familie, Ihre Freunde und Bekannten und mit ihr können Sie beim Bäcker Brötchen bestellen, ohne dass sich die Leute erschrecken, wundern oder Sie auslachen. Ihre Stimme ist unbewusst zu einem festen Teil Ihrer Identität geworden, so dass Sie in Ihrem Alltag nicht mehr mit ihr experimentieren oder spielen.

Dennoch variieren Sie Ihre Stimme vermutlich andauernd, denn je nachdem, ob Sie ein Kind trösten, einen Hund zurückrufen, einen Vortrag halten oder über einen Autofahrer schimpfen, klingt Ihre Stimme anders. Das hat verschiedene Ursachen: Zum einen bestimmt das Gefühl, das gerade in Ihnen lebendig ist, den Klang Ihrer Stimme. So kann sie unsicher, fröhlich, geheimnisvoll, zärtlich, verärgert, gelangweilt oder traurig klingen. Zum anderen verändert sich die Stimme mit jeder Rolle, die Sie einnehmen: Für das Kind sind Sie Elternteil, für die Chefin Angestellte oder Angestellter und für die Frau beim Bäcker Kundin oder Kunde. Bei jeder Begegnung wird eine andere Facette der Identität aktiviert, und häufig verändert sich dabei auch die Tonlage, Lautstärke, Satzmelodie und Betonung.

Die Stimme verstellen

Wenn Sie die Puppe sprechen lassen, ist es ratsam, die Stimme zu verstellen, denn es hilft dem Publikum zu unterscheiden, wann Sie sprechen und wann Ihre Puppe spricht. Außerdem können Sie leichter in die Rolle der Puppe schlüpfen, wenn Sie Ihre Stimme dabei verändern.

Puppen, die Kinder darstellen, werden in höheren Stimmlagen gespielt; Bären, Räuber, Erwachsene etc. in tieferen. Sie können die Stimme der Puppe auch mit einem Akzent oder Dialekt versehen, was ihrem Wesen oft eine ganz neue Dynamik gibt.

Es kann sein, dass es Ihnen zunächst etwas schwer fällt, die Puppe mit veränderter Stimmlage sprechen zu lassen. Das ist nicht schlimm und schon lange kein Grund zu resignieren. Gönnen Sie sich in diesem Fall einfach etwas Zeit, sich in die neue Stimme und Rolle hineinzufinden.

Wenn Sie unsicher sind, wie die Stimme Ihrer Puppe klingt, oder wenn Sie eine Stimme für Ihre Puppe suchen, empfiehlt sich folgende Übung.

Partnerübung: Eine Stimme für die Puppe finden

Sie nehmen Ihre Puppe auf den Schoß und bitten Ihre Partnerin oder Ihren Partner, sich im Abstand von einem halben Meter Ihnen gegenüber zu setzen. Nach einer kurzen Begrüßung erzählt Ihre Puppe, wie unsicher sie über ihre Stimme ist. Alle Bedenken, die Sie wegen Ihrer Puppenstimme haben, geben Sie dabei Ihrer Puppe, und die soll sich nun so richtig über ihr Problem beklagen. Zum Schluss fragt die Puppe ihr Gegenüber, wie er oder sie denn ihre Stimme so findet, und bittet darum, bei der Antwort ganz ehrlich zu sein.

Ihre Partnerin oder Ihr Partner gibt der Puppe nun ein ehrliches Feedback. Wundern Sie sich aber nicht, wenn sie oder er Ihre Puppenstimme mögen, denn es kommt oft vor, dass die Spielerin oder der Spieler bereits über eine schöne Stimme für die Puppe verfügt, ihr aber einfach noch nicht traut.

Wenn Ihre Partnerin oder Ihr Partner jedoch der Meinung ist, dass sich die Puppenstimme noch etwas verändern sollte, dann kann sie oder er dazu Vorschläge machen. Die Puppe probiert diese Vorschläge aus und erzählt, wie es ihr mit ihnen geht. Das machen Sie so lange, bis Sie eine Stimmlage gefunden haben, die sich für Sie gut anfühlt.

Die Stimme halten

Es ist nicht schlimm, wenn Sie mit Ihrer Puppe anfangs immer wieder in Ihre normale Sprechstimme rutschen. Sobald Sie das bemerken, können Sie es Ihre Puppe auch sagen lassen:
„Oh, was ist denn jetzt los? Meine Stimme klingt ja genau wie die von …!“ Und dann räuspert sie sich und spricht in ihrer Puppenstimme weiter.
Wenn es ein zweites Mal passiert, kann sie behaupten, sie hätte an Ihrem Parfüm gerochen oder etwas davon benutzt, und immer, wenn sie das tut, würde es bei ihr zu diesen seltsamen „Stimmungsschwankungen“ führen.
Auf diese Weise können Sie wieder aus einem „Fehler“ ein Spiel machen, ohne sich ärgern oder schämen zu müssen, und je häufiger Sie spielen, desto leichter wird es Ihnen fallen, die Stimme Ihrer Puppe beizubehalten.

Sie müssen mit Ihrer Puppe übrigens nicht jedes Mal genau dieselbe Tonlage treffen. Auch die normale Sprechstimme variiert je nach unserer Tagesform, und kaum jemand kann sich nach zwei Stunden oder einer Woche an den exakten Klang einer Stimme erinnern.

Die eigene Stimme schonen

Achten Sie darauf, Ihre Stimmbänder nicht übermäßig zu quetschen, wenn Sie Ihre Puppe sprechen lassen. Etwas Anstrengung wird sich nicht vermeiden lassen, aber wenn es Sie zu viel Anspannung kostet, schaden Sie nur Ihren Stimmbändern und blockieren den Zugang zu Ihren Gefühlen. Abgesehen davon können Sie umso länger spielen, je mehr Sie in der Lage sind, Ihre Stimme entspannt einzusetzen.

Um die Stimmbänder zu schonen, können Sie folgende Maßnahmen ergreifen:

- Wärmen Sie Ihre Stimme vor dem Spiel auf. Singen Sie unter der Dusche oder im Auto zum Radio, summen und tönen Sie. Gähnen Sie ausgiebig, lassen Sie Ihren Atem fließen und spielen und experimentieren Sie dabei mit Ihrem Mund und Ihrer Zunge.
- Sorgen Sie dafür, dass die Kinder leise sind, wenn Sie spielen, oder dass sie im Spiel immer wieder zur Stille zurückfinden.
- Lassen Sie Ihre Puppe nur gelegentlich schreien. Sie können natürlich auch ganz auf das Schreien verzichten, aber das wäre schade. Die Energie, die Sie freisetzen, wenn Ihre Puppe einmal so richtig krakeelt, ist faszinierend und wird von Kindern sehr geliebt (jedenfalls solange die Kinder keine Angst davor haben …).
- Spielen Sie kurze Episoden.
- Überschätzen Sie die Reichweite der verstellten Stimme nicht: Wenn Sie (vielleicht bei einem Sommerfest oder zur Weihnachtsfeier) vor größerem Publikum spielen, können Sie Ihre Stimme mit einem Mikrophon (am besten einem Headset) verstärken lassen. Testen Sie die Ausrüstung aber vorher. Eine gute Anlage ist eine großartige Hilfe, eine schlechte kann Ihre Stimme derart verzerren, dass es Ihr Spiel ruiniert.

Gemischtes Doppel – Spiel und Dialog zwischen der Puppe und ihrem Spieler / ihrer Spielerin

Herr Faber von der Feuerwehr gibt eine Einheit zur Brandschutzerziehung. Seine Puppe Nick hat gerade die Kinder der Klasse 2 B begrüßt. Nun holt Nick eine Streichholzschachtel hervor, hält sie hoch und schüttelt sie.
„Ratet doch mal, was ich heute Morgen gefunden habe!“
„Streichhölzer!“
„Genau! Und wisst ihr, was wir damit machen sollten? – Ein bisschen kokeln!“
Wenn Nick seinen Erzählfluss jetzt nur ein klein wenig zu lange unterbricht, werden die Kinder sofort reagieren und vermutlich gegen das Spiel mit dem Feuer sein (ganz sicher ist das aber nicht, einige Kinder könnten darüber auch sehr entzückt sein …). Weil das in diesem Moment nicht gewünscht ist, erzählt er fließend weiter:
„Ich meine, wenn ich schon mal Streichhölzer finde, dann muss das auch mit einem kleinen Feuerchen gefeiert werden, wozu haben wir auch all das Papier im Papierkorb?“
Spätestens jetzt muss aber etwas passieren und deswegen mischt sich Herr Faber ins Geschehen ein:
„Hallo Nick!“
Nick zuckt erschrocken zusammen und blickt Herrn Faber an, schaut dann aber wieder zu den Kindern.
„Oh, äh … hallo Paul!“
„Alles klar bei dir?“
Nick zögert etwas. Ein Kind ruft: „Nick hat Streichhölzer gefunden!“
Herr Faber sieht Nick in die Augen: „Ehrlich?“
Nick blickt auf den Boden: „Äh, ja … schön, oder?“
„Und er wollte ein Feuer im Papierkorb machen!“
„Stimmt das?“
„Och, weißt du, nur so ein ganz kleines …“
„Nick, das ist aber gefährlich!“
„Aber ich hatte so, so, so, so große Lust dazu! Ich möchte auch einmal Feuer machen! Ich habe so lange kein richtiges Feuer mehr gesehen und immer dürfen nur die Erwachsenen was mit Feuer machen …“

Im Verlauf des weiteren Spiels kann der Feuerwehrmann verdeutlichen, wie gefährlich es ist, wenn Kinder alleine mit Feuer spielen und wie schnell ein Feuer, das erst ganz klein mit einem einzigen Streichholz beginnt, ein ganzes Haus in Brand setzen kann. Nick ist beeindruckt und sogar ein bisschen erschrocken. Aber er hat immer noch Lust, mit Feuer zu spielen. Er empfindet es als ungerecht, dass er das nicht darf. Daraufhin finden die beiden einen Kompromiss: Wenn ein Erwachsener mit dabei ist, darf Nick eine Kerze anzünden und wieder auspusten, und das probieren die beiden gleich auch aus. In einem nächsten Schritt machen die Kinder dabei mit …

Wenn Sie in der Lage sind, mit Ihrer Puppe in Dialog zu treten, können Sie Ihr Spiel in vielen Situationen sehr bereichern. Diese Spieltechnik lohnt sich insbesondere dann, wenn Sie zwei widersprüchliche Positionen ausdrücken oder die Puppe den Standpunkt der Kinder vertreten lassen möchten (➜ *Susi spricht den Kindern aus der Seele – die Puppe als Stellvertreterin der Kinder,* S. 85 f.). Auf diese Weise können Sie mit Ihrer Puppe in Streit geraten, gemeinsam nach Lösungen suchen oder sich selbst auf die Schippe nehmen.
Die Spieltechnik ist etwas schwieriger zu erlernen, aber das ist noch lange kein Grund, sie zum Verstauben ins Geheimfach mit der Aufschrift „das lerne ich nie“ zu legen. Es wäre schade, wenn Sie aus der Angst heraus, überfordert zu sein oder Fehler zu machen, eine sehr schöne Art, die Puppe zu spielen, außer Acht ließen.
Sobald Sie die normale Führung Ihrer Puppe beherrschen, können Sie beginnen, diese Spieltechnik auszuprobieren. Folgende Tipps sind dabei zu beachten:

- Sehen Sie Ihrer Puppe gelegentlich in die Augen, wenn Sie mit ihr sprechen. Ihre Puppe darf Sie aber nicht anblicken, wenn sie mit Ihnen redet, denn sonst sieht das Publikum, wie sich

Durch den Dialog mit der Puppe wird das Spiel bereichert.

Ihr Mund und der Mund der Puppe zugleich bewegen. Die Puppe spricht deshalb immer nach vorne. Das wirkt vielleicht zunächst etwas seltsam, weil sich zwei Freunde ja eigentlich ansehen, wenn sie miteinander sprechen, aber Sie können sich ja vorstellen, dass Sie vor einem Kamin sitzen und in die Flammen blicken oder auf einer Düne einem Sonnenuntergang im Meer zusehen, während Sie sich unterhalten.

- Wenn die Puppe ihre Passage zu Ende gesprochen hat und Sie wieder dran sind, wendet die Puppe ihren Kopf schwungvoll zu Ihnen, sieht Sie kurz an, schaut dann wieder nach vorne und sagt: *„Weißt du was, am besten wäre es wahrscheinlich, wenn man alle Autos abschaffen würde. Dann würden überhaupt keine Frösche mehr überfahren werden. Keine Frösche, keine Igel, keine Rehe – gar nichts mehr …“* Und die Puppe blickt zu Ihnen hoch.

Mit diesem Blick übergibt Ihnen die Puppe das Staffelholz und fordert Sie auf, den Faden weiterzuspinnen bzw. zu antworten. Sie sehen sie kurz an und blicken dann wieder aufs Meer, bevor Sie den Faden bzw. das Gespräch weiterführen:
„Ja, das denke ich manchmal auch … aber wie sollte ich dann zum Kindergarten kommen? Mit dem Fahrrad? Dann müsste ich ja eine Stunde eher aufstehen und käme erst eine Stunde später zu Hause an.“

Der Blickkontakt versieht den Dialog mit winzigen Pausen und hilft dem Publikum zu erkennen, dass die sprechende Person wechselt. Natürlich können Sie auch das Publikum ansprechen (*„Wisst ihr, heute Morgen, als wir herfuhren, haben wir drei tote Frösche auf der Straße gesehen …“*). Aber um das Spiel einigermaßen schlicht zu halten, genügt es, den Dialog zunächst auf Sie und Ihre Puppe zu begrenzen.

Wenn die Puppe spricht und den Spieler dabei anblickt, sieht das Publikum, wie sich der Mund von Spieler und Puppe zugleich bewegen, und die Spielillusion leidet.

- Es ist nicht schlimm, wenn Sie beim Wechseln einmal vergessen, die Stimme zu verändern. Auch hier gilt: Wenn Sie Fehler machen, können Sie damit spielen (*„Was ist das denn? Nun habe ich schon dieselbe Stimme wie du! Das klingt ja schrecklich … räusper … räusper …“*) und sie korrigieren. Wenn Sie Ihre Stimme jedoch gar nicht verstellen und mit Ihrer normalen Sprechstimme die Puppe sprechen lassen, überfordern Sie Ihr Publikum hoffnungslos, denn auch das gutwilligste Publikum wird nicht mehr unterscheiden können, wer wann spricht.
- Achten Sie darauf, die Wechsel zwischen Ihnen und Ihrer Puppe nicht unnötig schnell zu gestalten (*„Wir sperren die Straße einfach ab! Da soll kein einziger Froschmörder mehr lang fahren!“ – „Nein!“–„Doch!“–„AchQuatsch!“ – …*). Schnelle Wechsel kosten viel Konzentration, sind daher sehr anstrengend und erhöhen die Gefahr, dass Sie mit den Stimmen durcheinander geraten.
- Wenn die Puppe spricht und dabei ins Publikum blickt, muss sie mit dem Wort *du* vorsichtig sein. Nehmen wir mal an, sie sagt: *„Ich finde dich echt doof!“* und blickt dabei ein Kind in der ersten Reihe an, dann besteht die Gefahr, dass sich das Kind angesprochen fühlt. Im diesem Fall ist es das Beste, wenn die Puppe am Anfang oder Ende ihres Satzes Ihren Namen nennt, z. B.: *„Ich finde dich echt doof und total feige, Lars!“*

Alles halb so wild – kleine Schritte zum ersten Auftritt

Klein beginnen

Spielen Sie zunächst vor Ihrem Kind und später auch vor dessen Freundin oder Freund. Entwickeln Sie Ihr Spiel in kleinen Schritten.

Nun haben Sie also eine Puppe. Sie sieht frech aus und es juckt Ihnen deshalb schon etwas in den Fingern, sie auszuprobieren. Vielleicht haben Sie auch bereits einige Ideen, wie und vor wem Sie Ihre Puppe spielen könnten, und Sie ahnen, dass Sie mit ihr viel Freude in Ihre Familie, Einrichtung, Klasse oder Gruppe bringen. Sicherheitshalber haben Sie auch schon ein bisschen geübt, wie sie sich führen lässt, und haben bemerkt, wie sich so langsam ein Gefühl für die Handhabung der Puppe einstellt. Aber wie geht es nun weiter?

Es ist wichtig, dass Sie Ihren ersten Auftritten besondere Aufmerksamkeit schenken und genau prüfen, wann und vor wem Sie spielen möchten. Die Kunst besteht darin, sich das richtige Publikum zu suchen und das Spiel schrittweise weiterzuentwickeln: Sie haben die Puppe zweimal vor Ihrer besten Freundin ausprobiert und es hat Ihnen Spaß gemacht? – Prima! Dann laden Sie als nächstes noch eine zweite Freundin dazu, oder Sie spielen, wenn Ihre Nichten zu Besuch kommen! Sie haben vor Ihren Kindern gespielt, als diese Besuch von ihren Freunden hatten? – Gut! Dann könnten Sie jetzt ja ausprobieren, wie es ist, einmal fünf Minuten lang auf dem Kindergeburtstag Ihrer Tochter zu spielen. – Das hat Spaß gemacht? Dann können Sie es bestimmt auch in Ihrer Klasse einmal wagen …

Wenn Sie vor wenigen Menschen spielen, die Sie gut kennen und die Sie wertschätzen, wird Ihnen das Spiel relativ leicht fallen. Sie sind wahrscheinlich frei, sich auch einmal Schnitzer zu erlauben und können sich trotz des Kribbelns im Bauch nach der ersten Aufregung relativ leicht entspannen. Dadurch sind Sie während des Spiels in der Lage, Ihr Publikum wahrzunehmen und sind empfänglich für Impulse von außen, aber auch für eigene Einfälle. Sobald sich die erste Aufregung gelegt hat, stehen die Chancen gut, dass das Spiel aufblüht und Ihnen und Ihrem Publikum Spaß macht, so dass Sie beide mehr wollen und Sie irgendwann in naher Zukunft wieder spielen werden.

Wenn Sie über wenig Spielerfahrung verfügen und vor einem großen oder fremden Publikum spielen, können Lampenfieber und Druck jedoch zunehmen und zu groß werden. Neben der Lust zu spielen sammelt sich auf einmal die Angst: *„Auweia – was ist, wenn die mein Spiel gar nicht mögen? Was ist, wenn ich mich blamiere? …“* Wenn die Angst zu groß wird, besteht die Gefahr, dass Sie sich nach innen zurückziehen. Dadurch verengt sich Ihre Außenwahrnehmung und die Fähigkeit, mit dem Publikum in Kontakt zu treten, lässt rapide nach. Blockaden nehmen zu und die Spielfreude verringert sich (vgl. Johnstone 2002, S. 97). Der ganze Auftritt droht – zumindest jedenfalls für Sie – zu einem Fehlschlag zu werden …

Wenn Sie 37 wunderbare kleine Auftritte hatten und erst bei dem 38. Auftritt in Schwierigkeiten geraten, ist das nur halb so schlimm: Sie verfügen mittlerweile über genügend Erfahrung und Selbstbewusstsein, um nicht mehr an Ihren spielerischen Qualitäten zu zweifeln. Bei den ersten Auftritten ist das jedoch anders und deshalb ist es wichtig, gründlich darauf zu achten, sich nicht zu überfordern.

Das gilt insbesondere dann, wenn Sie eingeladen werden, zu einem bestimmten Anlass zu spielen: *„Hättest du nicht Lust, mit deiner schönen Puppe mal etwas im Kindergottesdienst zu machen?“ – „Frau Rakenbröck, Sie waren doch auf diesem Wochenendseminar, da könnten Sie doch jetzt vielleicht zur Weihnachtsfeier ein ganz kleines Stück vorspielen …“*

Wenn Menschen Sie einladen, für sie zu spielen, kann das etwas Großartiges sein. Sie sehen Ihre Fähigkeiten, vertrauen Ihnen und bieten Ihnen eine Möglichkeit an, sich weiterzuentwickeln. Vielleicht geben sie Ihnen dabei auch einen kleinen Schubs, damit Sie sich auf das neue Abenteuer einlassen können. Achten Sie aber darauf, dass Sie die Freiheit behalten zu entscheiden, wann und wo für Sie der richtige Augenblick und Ort zu spielen ist. Und lehnen Sie ein Angebot ab, wenn Ihnen die Sache zu groß erscheint oder Sie das Gefühl haben, dass Ihr Spiel in den vorgegebenen Rahmen nicht wirklich passt. Wenn Sie sich überreden lassen zu spielen, obwohl Sie es eigentlich nicht wollen und kein gutes Gefühldabei haben, fehlt Ihrem Spiel womöglich die wichtigste Zutat – Ihre Freude.

Den Spielverlauf planen

Indem Sie Ihren Spielverlauf im Vorfeld planen, schützen Sie sich vor der Gefahr, sich zu verzetteln oder mitten im Spiel stecken zu bleiben. Eine solche Planung muss weder sehr umfangreich sein, noch viel Zeit kosten. Häufig genügt es schon, sich das Thema, einen Einstieg und das Ende zu überlegen. Wenn Sie mehr Sicherheit brauchen (z. B. für Ihren ersten Auftritt in der Klasse, bei einem Anspiel im Gottesdienst oder für die Aufführung eines Stückes, das zwanzig Minuten dauern soll), können Sie den Ablauf auch detaillierter planen und ein Drehbuch entwerfen.

Planen Sie Spielsequenzen, die etwa fünf Minuten dauern. Wenn das Spiel schließlich zehn Minuten dauert, weil Sie neue Einfälle bekommen haben und es Ihnen und den Kindern so viel Spaß gemacht hat, ist das klasse. Wenn Sie in eine tolle Geschichte hineingeraten und es dann zwölf, fünfzehn oder zwanzig Minuten dauert, bis das Spiel zum Ende kommt – umso besser (es sei denn, irgendwer wird ärgerlich, weil Sie die Stunde überzogen haben …). Planen Sie aber trotzdem nur eine kleine Sequenz. Die kurze Zeitspanne zwingt Sie, den Handlungsablauf des Spiels schlicht zu halten. Bei einem Stück, das länger als zehn Minuten dauert, verändert sich in der Regel die Struktur: Die Handlungsstränge werden komplexer, es wird schwieriger, den Spannungsbogen aufrecht zu erhalten, und aus einem Anspiel oder einer kleinen Episode wird auf einmal eine ganze Geschichte (→ *Struktur ei-*

ner Spielsequenz, S. 49). So schön eine längere Geschichte und ein ausgefeiltes Puppentheaterstück auch sein mögen, in den meisten Situationen genügt eine kleine Sequenz zu einem bestimmten Thema völlig.

Für die Planung suchen Sie sich zunächst ein Thema, um das sich Ihr Spiel drehen soll. Am besten ist es, wenn Sie etwas wählen, das sich Ihnen aus dem Alltag mit den Kindern aufdrängt. Ansonsten kann alles zum Thema werden: Eine Situation, eine Verhaltensweise, ein Problem, ein Lied oder eine kleine Geschichte. Es darf gerne etwas Aufregendes sein, aber es genügt auch, wenn es etwas Kleines und Schlichtes ist. Allein die Tatsache, dass die Puppe dem Thema ihre Aufmerksamkeit und Leidenschaft schenkt, reicht aus, es in den Augen des Publikums aufzuwerten. Und oft liegen gerade in Kleinigkeiten wunderschöne Spielmomente und Einsichten verborgen.

Wenn Sie ein Thema haben, können Sie überlegen, durch welches Ereignis die Puppe von diesem Thema betroffen sein könnte. Malen Sie sich dazu eine kleine Geschichte aus, die Ihre Puppe erzählen oder mit den Kindern erleben kann. Sollte es ein Ereignis sein, das schon lange Zeit zurückliegt, kann die Puppe von ihrem Großvater, Urgroßvater oder ihrer Ururururur-Großmutter erzählen, der oder die das Ereignis selbst miterlebt hat.

Zusätzlich dazu könnte die Puppe einen Gegenstand aus dem Er-

Denken Sie sich eine kleine Geschichte aus und legen Sie los. Ohne große Anstrengung werden Sie für Begeisterung sorgen …

be des Vorfahren mitbringen, um die Verbindung zum Thema zu verstärken: einen Ziegelstein vom Bau der Pyramiden für den ollen Pharao, einen Nagel von der Santa María, auf der Kolumbus nach Amerika gefahren ist, oder die Taschenuhr, mit der die Zeit beim Wettlauf zwischen dem Hasen und dem Igel gestoppt wurde.

Je besser Sie die Gruppe kennen, vor der Sie spielen, und je anschaulicher Sie sich Ihr Spiel ausmalen, desto eher können Sie die unterschiedlichen Reaktionen der Kinder auf Ihr Spiel erahnen und Variationen für sie entwickeln. Die grobe Planung eines Spielverlaufs kann dann z. B. folgendermaßen aussehen.

Geplanter Spielverlauf: Thema Geld / Umgang mit Fundsachen

Die Puppe erscheint, summt glücklich ein Lied und spielt mit einem 5-Euro-Schein. Sie wedelt mit ihm in der Luft herum, riecht an ihm und streicht ihn glatt. Die Kinder sollen neugierig werden und fragen, woher sie ihn hat. Dann kann die Puppe ihnen erzählen, dass sie den Schein auf dem Schulhof gefunden hat und sich für das ganze Geld Eis kaufen will.

Variante 1

Wenn die Kinder nicht empört sind, dass die Puppe das Geld nimmt, ohne zu fragen, wem es gehört, überlegt sie selbst, woher das Geld wohl kommt. Es geht nun zunächst allgemein um das Thema Geld: Die Puppe fragt sich, ob auf dem Schulhof vielleicht irgendwo ein Geldbaum steht, bei dem die Blätter reif sind. Eine Diskussion darüber, woher Geld eigentlich kommt, könnte beginnen. Weil die Puppe in Sachen Geld offenbar ahnungslos ist, kann sie die komplexe Thematik, wer unter welchen Bedingungen Geld herstellt, nicht erklären. Sie nähert sich deshalb dem Thema Geld als Phänomen, staunt, wie wichtig es den Menschen ist und wie seltsam diese auf Geld reagieren (dass sie sich wie wild freuen, wenn es da ist, den ganzen Tag darüber seufzen, wenn es fehlt, nachts davon träumen, was sie machen würden, wenn sie welches hätten …) und was sie alles dafür tun (früh aufstehen, Arbeiten machen, zu denen sie eigentlich keine Lust haben, gemein zu anderen sein, …).

Variante 2

Die Kinder sind empört, dass die Puppe das Geld einfach genommen hat. Sie ahnen, dass ein Kind das Geld verloren hat. Nun kann die Puppe alle Gründe auffahren, die ein Kind haben kann, um eine Fundsache zu behalten *(„Selber Schuld – dann muss es halt besser auf sein Geld aufpassen"; „Wenn es so viel Geld hat, dass es Scheine verliert, dann kommt es auf diesen einen kleinen doch auch nicht mehr an …"; „Wie soll ich denn rauskriegen, wem das Geld wirklich gehört? Da kann doch jeder sagen, er hätte es verloren …")*.

Variante 2.1

Wenn die Kinder hartnäckig argumentieren, wird die Puppe im Verlauf des Gespräches immer nachdenklicher und unsicherer, bis sie schließlich einlenkt und mit den Kindern überlegt, wie das Geld wieder an seinen Besitzer zurückgelangen kann. Die Kinder wissen ja, dass der Hausmeister für Fundsachen zuständig ist.

Variante 2.2

Wenn die Kinder der Puppe nicht genügend Widerstand leisten oder sogar der Meinung sind, dass die Puppe das Geld behalten sollte, fällt der Puppe ein Mädchen ein, das auf dem Schulhof geweint hat. Ganz traurig sei das Mädchen gewesen. Dabei hätte es ein so hübsches rotes Kleid angehabt, das so gut zu seinen roten Zöpfen gepasst hat. Ob es wohl Schmerzen am Fuß gehabt hat? Es hätte sich immer so gebückt …

Wenn die Kinder der Puppe jetzt nicht erzählen, dass das Geld bestimmt von dem Mädchen stammt, kommt die Puppe schließlich von alleine darauf. Weil sie die Traurigkeit des Mädchens erkennt und zuordnen kann, ist die Puppe nun bereit, das Geld zurückzugeben und überlegt mit den Kindern, wie sie das am besten anstellt. Dann verabschiedet sie sich und geht ab.

Weitere Varianten

Wenn sich das Spiel in Richtung Variante 1 (Thema: Geld) entwickelt, muss es (spätestens) beim nächsten Mal um Variante 2 (Thema: Fundsachen) gehen, damit bei den Kindern nicht der Eindruck entsteht, dass sie Dinge, die sie finden, einfach behalten dürfen. Sollte sich das Spiel aber vom Umgang mit Fundsachen handeln, kann die Puppe das allgemeine Thema Geld bei der nächsten Gelegenheit noch einmal aufgreifen.

Wenn Sie einen groben Plan in der Hinterhand haben, können Sie sich zunächst ganz offen auf das Gespräch mit den Kindern einlassen. Kommt das Spiel ins Stocken oder verliert es an Spannung, schwenken Sie einfach auf Ihr Thema oder die Geschichte ein. Läuft das Gespräch mit den Kindern aber gut, können Sie sich Ihren Plan auch für das nächste Mal aufheben, und das ganz frei improvisierte Spiel mit den Kindern genießen.

Trotz aller Vorbereitung kann es zu Entwicklungen kommen, mit denen Sie nicht gerechnet haben. So könnte es bei dem oben genannten Spielverlauf geschehen, dass ein Kind glaubt, dass das Geld, das die Puppe gefunden hat, seines wäre. Oder die Kinder könnten Sie als Spielerin bzw. Spieler herbeirufen wollen, damit Sie mit der Puppe schimpfen und ihr sagen, dass sie das Geld zurückgeben soll. Vielleicht bekommen Sie im Verlauf des Spieles auch noch ganz andere Ideen und müssen dann spontan entscheiden, in welche Richtung Sie das Spiel entwickeln möchten. Seien Sie auf Überraschungen gefasst und bereit, alte Pläne loszulassen.
Die Struktur einer Spielsequenz lässt sich in der Regel in drei Abschnitte gliedern:

- Anfangsphase, zu der ggf. die Begrüßung der Kinder und ein Einstimmen ins Spiel gehört,
- Hauptteil,
- Schluss.

Um einen Spielverlauf gut planen zu können, ist es hilfreich, sich dieser Struktur bewusst zu sein.

Struktur einer Spielsequenz

Der Anfang

Wenn eine Gruppe von Kindern das erste Mal auf die Puppe trifft, ist es ratsam, die Gruppe ein wenig auf das Spiel einzustimmen, bevor die Puppe erscheint. Dazu übernehmen Sie vor dem Spiel am besten die Rolle des Conferenciers, der das Publikum begrüßt, während der Vorhang noch geschlossen ist. Indem Sie den Kindern erzählen, dass Sie heute einen Gast mitgebracht haben, wecken Sie die erste Neugierde. Es empfiehlt sich sehr, mit den Kindern gleich vorweg zu verabreden, dass sie auf ihren Plätzen sitzen bleiben. Dazu könnten Sie behaupten, dass Ihr Gast sehr schüchtern ist – das ist zwar (vermutlich) gelogen, aber dadurch bekommen die Kinder nicht nur eine Regel, sondern auch eine Begründung für die Regel, und das macht es ihnen leichter, sich an sie zu halten. Sollten sie später während des Spiels trotzdem aufstehen, brauchen Sie die Kinder nur noch an die Regel zu erinnern, anstatt sie ihnen mitten im Spiel erst erklären zu müssen.

Sobald die Kinder still geworden sind, holen Sie Ihre Puppe hervor. Wenn sie sich in einer Tasche, einer Kiste oder einem Koffer befindet, öffnen Sie diese bzw. diesen und lassen die Kinder dann nach der Puppe rufen (vgl. *Die Tasche,* S. 50 und 56). Dadurch vollziehen Sie ein Ritual, das den Beginn des Spiels markiert: Sie wecken die Puppe und rufen den kleinen Haufen Stoff ins Leben. Dieses Ritual können Sie variieren, so dass die Kinder mal lauter, mal leiser, mal auf Englisch oder mal auf Phantasiesprache rufen müssen, bis die Puppe erscheint (weitere Variationen erhalten Sie, indem Sie eine Klingel, Glocke, Zimbel o. Ä. einsetzen, um die Puppe herbeizurufen).
Spätestens nach dem dritten Rufen schlüpfen Sie in den Kopf der Puppe und lassen sie ganz langsam auftauchen. Lassen Sie die Puppe aber auf keinen Fall sprechen, bevor ihr Kopf zu sehen ist! Die Kinder sehen sonst nur, wie Sie in Ihrer Tasche wühlen und wundern sich, warum Sie auf einmal mit einer so hohen Stimme sprechen …

Die Puppe erscheint …

Sollten Sie mit der Tasche arbeiten, könnte der Spielanfang folgendermaßen aussehen:

Ganz langsam kommt die Puppe aus der Tasche hervor. Sie bemerkt die Kinder zunächst noch gar nicht. Vielleicht hat sie gerade geschlafen und gähnt erst einmal, reibt sich die Augen oder guckt das Muster auf ihrem Pullover an. Sie ist zunächst in einer Welt für sich.
Die Kinder, die von der Puppe nicht bemerkt werden, schauen nur zu und haben so Zeit zum Wahrnehmen, Staunen und Lachen. Dadurch, dass sie (noch) nicht angesprochen werden, reagieren sie weniger, was hilfreich ist, um eine Stimmung oder eine Handlung zu entwickeln. So könnte die Puppe einfach nur da sitzen, vor sich hinstarren, ab und zu seufzen und „ach, Renate …“ murmeln. Oder sie könnte Papier und Stift hervorholen und beginnen, einen Brief zu schreiben. Geheimnisvolle und faszinierende Szenen lassen sich auf diese Weise gestalten.
Früher oder später wird die Puppe die Gruppe bemerken, dann vermutlich etwas erschrecken und schließlich die Kinder begrüßen und mit ihnen in eine Geschichte geraten. Aber es ist nicht nötig, dass das schon ganz am Anfang geschieht.

Ein solch ruhiger Anfang setzt eine mehr oder weniger ruhige Gruppe voraus, die bereit ist, sich auf etwas Stille einzulassen. Er eignet sich deshalb nicht für alle Situationen. Sollte die Gruppe etwas unruhiger sein, kann die Puppe natürlich auch sofort aus ihrer Tasche oder Kiste kommen und mit den Kindern direkt ins Gespräch treten.
Wenn die Gruppe sehr lebendig ist und Sie sich nicht sicher sind, ob die Kinder angesichts der geheimnisvollen Tasche und der frechen Puppe sitzen bleiben werden, können Sie Ihr Spiel ein weiteres Mal variieren. Lassen Sie Ihre Puppe diesmal etwas trotzig, unfreundlich und sogar ein wenig gefährlich sein:

Die Puppe erscheint schwungvoll und zielstrebig und ihre Stimme hat einen drohenden Unterton:
„Hat jemand von euch Tabea Meyer-Bürstenfloh gesehen?“
Pause. Die Puppe blickt in die Runde.

„Nein? – Ganz bestimmt nicht …?“
Pause.
„Wenn ihr sie seht, dann sagt ihr, dass es noch Ärger geben wird!“
Die Kinder sind gespannt und still. Die Puppe ballt ihre Hand zu einer Faust, die sie der Klasse drohend zeigt.
„Ganz großen Ärger …!“
Dann ändert sie ihren Ton. Er ist nun nicht mehr drohend, sondern empört und vielleicht etwas traurig.
„Tabea Meyer-Bürstenfloh von der Prowelski-Schule. Aus der Klasse 3 C. Als ich die neulich mal besucht habe, ist sie einfach aufgesprungen und hat mir ins Auge gefasst! – Stellt euch das mal vor! – Diese Blöde! … Und jetzt tränt mein Auge immer, wenn ich abends Fernsehen gucken will …“
Auf einmal nimmt das Drohende in der Stimme wieder zu.
„Und deswegen wird sie noch Kloppe kriegen!“
Dann wieder freundlicher:
„Ich meine, ich kann ja ein echt guter Kumpel sein, aber in die Augen fassen, das mag ich überhaupt nicht. Und deswegen sollt ihr auch alle auf euren Plätzen sitzen bleiben, o. k.?!“

Wichtig ist, dass sich der Ärger der Puppe auf eine fiktive Person bezieht (daher der bizarre Doppelname). Würde das Kind, auf das die Puppe so wütend ist, einfach Tabea oder Tabea Meyer heißen, wäre das riskant, weil es im Bekanntenkreis der Kinder ja tatsächlich eine Tabea oder Tabea Meyer geben könnte.
Auch der Stimmungsumschwung der Puppe ist von Bedeutung: Die Kinder erleben, dass die Puppe wütend und gefährlich sein kann, aber sie sollen auch wissen, dass sie eigentlich weich und freundlich ist und nur dann so wütend wird, wenn sie verletzt wurde.
Solange Sie noch dabei sind, Ihre Spielsicherheit als Puppenspielerin oder Puppenspieler zu entfalten, ist es jedoch ratsam, auf derartig herausfordernde Situationen zu verzichten.
Wenn Sie sich unsicher sind, wie eine Gruppe auf Ihre Puppe reagieren wird, können Sie Ihre erste Spielsequenz stattdessen auch an das Ende eines Vormittages oder einer Unterrichtsstunde platzieren. Dann können Sie sich drei Minuten Zeit nehmen, um Spielerfahrungen zu sammeln, bis die Uhr oder die Pausenklingel die Aufführung beendet. Sobald sich Ihr Publikum verstreut hat, können Sie die Gelegenheit nutzen, und Ihr Spiel in Ruhe auswerten (➜ *Aus dem eigenen Spiel und den Reaktionen der Kinder schlau werden*, S. 58 f.).

Der Hauptteil

Damit die Puppe nicht zum Selbstzweck wird, ist es wichtig, nach der Begrüßung etwas zu entwickeln, das die Aufmerksamkeit von der Puppe ablenkt. Nun ist es Zeit, zu dem Thema zu kommen, das Sie sich im Vorfeld des Spiels überlegt haben (➜ *Den Spielablauf planen*, S. 46 f.) oder aber Sie lassen sich improvisierend auf die Themen ein, die Ihnen die Kinder oder Ihre Einfälle liefern.
Wenn die Puppe den Kindern das erste Mal begegnet, wird es vermutlich zunächst darum gehen, dass die Kinder die Puppe (und die Bedingungen, unter denen sie gespielt wird) kennen lernen. Das können Sie ganz leicht erreichen, indem die Puppe die Schule, den Kindergarten, die Praxis, den Gottesdienst … erkunden möchte und den Kindern deshalb ein paar Löcher in den Bauch fragt:

„ … und das ist also eine Schule?“
„Ja!“
„Boah, ist die aber groß! Wozu braucht man eigentlich so eine Schule …?“

oder:

„… und gehen alle Kinder in den Kindergarten / zur Therapie?“
„Ja!“
„Auch Meerschweinchenkinder?“
„Nein!“
„Aber wieso denn nicht …?“

Auch wenn Sie die Kinder bereits kennen und wissen, dass Joe gestern seine Trompete in den Fluss geschmissen hat und Sarah sich vorhin wieder mit Angelika gestritten hat – die Puppe, die die Kinder zum ersten Mal sieht, weiß das nicht. Sie darf sie deshalb nicht auf ihre Vergehen ansprechen, denn sonst könnten die Kinder die Angstphantasie entwickeln (oder würden in ihr bestärkt), dass die ganze Welt über ihre Schandtaten Bescheid wüsste. Dafür könnte die Puppe ihren Musikunterricht aber zufälligerweise auch blöde finden oder sich vorhin selbst noch mit ihrer besten Freundin gestritten haben (→ *Der Spiegel des Narren*, S. 11).

Bestimmt werden die Kinder ihrerseits neugierig sein und Fragen an die Puppe haben. Dann kann sie einige davon beantworten. Aber wenn Sie merken, dass die Spannung bei den Kindern nachlässt, lassen Sie Ihre Puppe das Frage-Antwort-Spiel beenden (→ *Susi muss reagieren – der Umgang mit Fragen und Einwürfen der Kinder*, S. 79 ff.), und z. B. einen Gegenstand hervorholen, mit dem sie auf das geplante Thema überleiten kann.

„Und Opa meint wirklich, dass aus einem ollen kleinen Korn so eine schöne Blume wachsen kann!" – Mit Requisiten den Übergang zum Thema schaffen …

Der Schluss

Wenn alles gesagt ist, was zu sagen war, und alles getan ist, was zu tun war, verabschiedet sich die Puppe. Sagt sie dabei einfach nur *„Tschüss, ich geh jetzt!"*, kann sich das Ende des Spiels eventuell schwierig gestalten, denn die Kinder wollen bestimmt, dass sie noch bleibt. Denn wenn sie keinen Grund hat, warum sie weggehen muss, könnte die Puppe ja genausogut noch dableiben. Deshalb ist es am besten, wenn Sie der Puppe einen dringenden Grund geben, warum sie gehen muss: Vielleicht will sie noch ihr Meerschweinchen streicheln, das ja diese schrecklichen Kopfschmerzen hat, oder ein Bild von ihrer goldenen Badewanne malen. Auf alle Fälle muss sie los und niemand kann sie daran hindern, die Kinder nicht und Sie als Spielerin oder Spieler auch nicht. Sie bleibt ein freies Wesen, das kommt und geht, wie und wann es ihr passt (→ *Die Puppe als Gast,* S.20 f.). Lassen Sie sich deshalb von den Kindern nicht überreden, länger zu spielen, wenn Ihr Gefühl Ihnen sagt, dass das Spiel seinen natürlichen Höhepunkt erreicht hat und sich dem Ende zuneigt.

Wenn die Kinder Sie bedrängen, mehr zu spielen, ist das ein sehr wertschätzendes Feedback für Ihr Spiel. Aber geben Sie ihrem Wunsch dennoch nur nach, wenn Sie es wirklich wollen. Das Motto, das hier gilt, heißt: Ende gut, alles gut. Wenn Sie Ihr Spiel dort beenden, wo es am schönsten ist (oder kurz danach), wird es Ihnen und den Kindern in guter Erinnerung bleiben. Spielen Sie aber zu lange, kann es geschehen, dass es langweilig wird und Ihnen und den Kindern zum Schluss nur ein fader Nachgeschmack bleibt, obwohl es über weite Strecken doch schön war. Außerdem ist es gut, wenn die Kinder am Ende des Spieles immer noch ein bisschen hungrig, neugierig, interessiert und sehnsüchtig bleiben, denn damit schaffen Sie die beste Voraussetzung für Ihren nächsten Auftritt.

Bis zu einem neuen Auftritt können Sie ruhig ein bisschen Zeit verstreichen lassen. Das gilt insbesondere dann, wenn Sie in einer Schule oder einem Kindergarten arbeiten und dieselben Kinder über Jahre hinweg täglich begleiten. Über die Monate werden sich Ihnen so viele Themen und Gelegenheiten zum Spielen bieten, dass Sie es sich leisten können, abzuwarten und die schönsten Spielanlässe auszuwählen. Es genügt völlig, die Puppe einmal in der Woche in der Gruppe oder Klasse erscheinen zu lassen – wenn sie häufiger eingesetzt wird, besteht ansonsten die Gefahr, dass sie ihren Zauber verliert. Lassen Sie sie deshalb ruhig auch einmal verreisen oder für ein paar Wochen krank sein. Dann kann sie den Kindern aus ihrem Urlaub oder vom Krankenbett aus einfach Briefe oder Postkarten schreiben, die die Kinder bestimmt beantworten wollen.

Wer sitzt wo? – Das Setting arrangieren

Wo sitzen die Kinder?

Es lohnt sich, der Sitzordnung der Kinder Aufmerksamkeit zu schenken, denn je nachdem, wie die Kinder sitzen, werden sie an dem Spiel Anteil nehmen können. Entscheidend sind dabei vor allem folgende Faktoren:

- Kann die Puppe von allen Kindern gut gesehen und gehört werden?
- Wie weit sitzen die Kinder von der Puppe entfernt?
- Lässt die Sitzordnung zu, dass die Kinder eine Gruppe bilden?

Wenn einer größeren Gruppe keine Sitzordnung vorgegeben wird, kann es schnell geschehen, dass Lücken oder leere Reihen entstehen, dass größere Kinder kleineren Kindern die Sicht versperren oder das Publikum in kleine Grüppchen oder einzelne Kinder zerfällt, die getrennt voneinander sitzen. Die Kinder können das Spiel dann zwar noch verfolgen, aber sie können sich nicht mehr zu einem großen Ganzen zusammenfügen. Das Gruppengefühl ist beeinträchtigt, was zur Folge hat, dass das Publikum nicht mehr so intensiv auf das Spiel reagieren kann. Es lohnt sich, folgende Punkte für die Sitzordnung zu berücksichtigen:

- Lassen Sie die Kinder eng und geschlossen beieinander sitzen. Dadurch spüren sie sich mehr und es entsteht eine Gruppe, die gemeinsam an dem Spiel Anteil nehmen kann (→ *Die Puppe als Animateur*, S. 86 f.).
- Setzen Sie die kleineren Kinder in die ersten Reihen, damit sie gut sehen können.
- Achten Sie darauf, dass alle Kinder bequem sitzen, weil sie das Sitzen dann länger aushalten und ruhiger sitzen.
- Setzen Sie sich möglichst nah zu den Kindern. Je näher die Puppe dem Publikum ist, desto intensiver wirkt sie. Je weiter sie entfernt ist, desto kleiner wird der Ausschnitt, den sie im Blickfeld der Kinder einnimmt, und desto geringer fällt ihre Wirkung auf das Publikum aus. Außerdem gilt: Je weiter Sie mit Ihrer Puppe von den Kindern entfernt sind, desto weniger können die Kinder Sie spüren, desto schwieriger wird es, mit Ihnen in Verbindung zu treten, und desto einsamer werden Sie sich beim Spielen fühlen. Wenn Sie mit nur einem Kind spielen, können Sie sich direkt neben oder vor das Kind setzen (außer es hat Angst). Bei kleineren Gruppen genügen eineinhalb bis zwei Meter; bei größeren Gruppen müssen Sie aber ggf. noch etwas weiter weg rücken, damit die Kinder, die an den Seiten sitzen, die Puppe noch gut sehen können.
- Setzen Sie sich auf einen Stuhl oder einen Tisch. Wenn Sie sich in der Gruppe sicher fühlen und von allen gut gesehen werden, können Sie sich auch auf den Fußboden setzen und die Puppe auf dem Schoß oder aus der Tasche heraus spielen. Indem Sie sich auf eine Ebene mit den Kindern begeben, sind Sie ihnen im Spiel näher.

Häufig werden die Puppen im Stuhlkreis eingesetzt. Für viele Gruppenprozesse ist diese Sitzordnung äußerst hilfreich; für das Puppenspiel bringt sie jedoch zwei Nachteile mit sich:
Zum einen ist der Abstand zwischen der Puppe und den meisten Kindern im Stuhlkreis sehr groß. Bei einer Gruppe von 20 Kindern hat ein Stuhlkreis bereits einen Durchmesser von etwa vier Metern, so dass die Distanz zwischen der Puppe und der Hälfte der Kinder zwei bis vier Meter beträgt. Zum anderen besteht die Gefahr, dass Kinder, die unmittelbar neben der Puppe sitzen, in einen toten Winkel geraten, weil das Handgelenk, mit dem der Kopf der Puppe bespielt wird, nur in eine Richtung gedreht werden kann. Wenn Sie mit Ihrer linken Hand den Kopf der Puppe führen, hat die Puppe deshalb einige Schwierigkeiten, nach links zu bli-

cken; führen Sie den Kopf mit der rechten Hand, entsteht der tote Winkel auf Ihrer rechten Seite. Dementsprechend kann die Puppe mit einem Teil der Kinder, der unmittelbar neben ihr sitzt, nur mit Schwierigkeiten direkten Augenkontakt aufnehmen. Daher kommt es oft vor, dass diese Kinder während des Spielverlaufs vernachlässigt werden. Achten Sie im Stuhlkreis deshalb darauf, die Kinder in Ihrem toten Winkel bewusst anzuspielen, damit sie nicht vom Spielgeschehen ausgeschlossen werden.

Mit relativ wenig Aufwand können Sie jedoch aus dem Stuhlkreis eine Sitzordnung formen, die günstigere Bedingungen für das Spiel schafft. Dazu bitten Sie die Kinder, die auf Ihrer Hälfte des Halbkreises sitzen, aufzustehen und sich vor die anderen Kinder auf den Boden zu setzen. Auf diese Weise erhalten Sie zwei gleich große Halbkreise. Wenn die Gruppe sehr groß ist, können Sie auch drei Halbkreise bilden und die erste Reihe auf dem Fußboden, die zweite auf Stühlen und die dritte auf Tischen sitzen lassen.

Woher kommt die Puppe?

Wenn Sie Ihre Puppe nicht immer ständig sichtbar im Klassen- oder Gruppenraum, zu Hause oder in der Praxis postieren möchten, empfiehlt es sich, ihr einen Rückzugsort zu organisieren. Folgende Möglichkeiten bieten sich dabei an:

Eine wichtige Frage: Woher kommt die Puppe und wohin geht sie nach dem Spiel?

Die Kiste

Eine Holzkiste mit Deckel, die in einem Regal oder Schrank deponiert wird, kann für eine Puppe ein hervorragendes Zuhause darstellen. Natürlich kann sie auch in einem Koffer oder Karton wohnen, aber eine Kiste kann besonders gut gestaltet werden. Man kann sie mit Briefkasten, Namensschild, Schornstein und Klingel versehen und bei der Gestaltung der Kiste können die Kinder der Puppe auch helfen. Mit etwas Charme kann die Puppe die Kinder z. B. dazu motivieren, Bilder für ihr neues Zuhause zu malen:

Spielidee: Die Kinder malen Bilder für die Puppe
Die Puppe erscheint und ist noch etwas verschlafen, aber schon sehr begeistert:
„Ooooh, ooooh … wisst ihr, was ich heute Nacht geträumt habe?"
„Nein …"
„Ich habe geträumt, eine Fee mit einem grünen Hut ist gekommen und hat meine kleine Kiste verzaubert: Peng! Es hat geknallt und geraucht und gestunken und meine kleine Kiste ist auf einmal viel, viel schöner geworden. So schön, dass ihr euch das gar nicht vorstellen könnt: Oberwunderschön! Überall war sie mit kleinen bunten Zetteln beklebt! Und auf den Zetteln waren wunderschöne Bilder, auf denen Tiere und ein Bauernhof gemalt waren … Ooooh, das war vielleicht ein toller Traum!
… Aber jetzt bin ich aufgewacht, und was sehe ich? – Och … nur diese olle, olle, blöde Holzwand, nicht

Ein Koffer kann ein prima Zuhause sein.

das kleinste bisschen verzaubert. Nicht ein einziger Zettel und kein einziges, kleines Bild …“

Über die Kunstwerke, die den Kindern auf diese Weise entlockt werden, freut sich die Puppe natürlich riesig. Sie können dann mit Reißzwecken an die Wände und das Dach der Kiste gepinnt werden.
Wenn die Puppe das nächste Mal von der kleinen Fee mit dem grünen Hut träumt, sind es vielleicht Gemälde von Bildern aus dem Urlaub, dem Straßenverkehr oder Jesus, wie er im Boot schläft, während um ihn herum der Sturm tobt …
So kann die Kiste zu einer Pinnwand voller Kunstwerke werden, die entweder ständig wechseln oder die Kiste allmählich zutapezieren.

Die Tasche

Sie können statt der Kiste auch eine große Tasche benutzen. Taschen, die sich mit Schnalle oder Reißverschluss schließen lassen und über die Mindestmaße von 50 cm Breite, 30 cm Höhe und 20 cm Tiefe verfügen, sind dafür besonders gut geeignet (➔ S. 50). Die Tasche kann für die Puppe Wohnung, Backstage-Bereich und Transportmittel sein. Sie kann sogar zur kompletten Bühne werden, wenn Sie die Puppe auf den Schoß nehmen und sie aus der Tasche heraus bespielen. In vielen Spielsituationen ist es gar nicht nötig, die Puppe aus der Tasche herauszunehmen. Wenn ihr Kopf, ihr Oberkörper und ihre Hände sichtbar sind, genügt das völlig.

Der Reißverschluss und die Schnalle der Tasche dienen als heimlicher Vorhang: Wenn sie geöffnet werden, beginnt das Spiel, und wenn die Puppe am Ende wieder verschwunden ist und die Tasche geschlossen wird, fällt der Vorhang wieder. Vielleicht kann beides auch mit einem Lied begleitet werden, das gesungen, gesummt oder gepfiffen wird …

Spielidee: Die Welt in der Tasche
Wenn die Puppe erzählt, wie ihre Wohnung aussieht, verwandelt sich die Tasche zu einer Welt für sich: In ihr gibt es ein grünes Spielzimmer mit einem Teppich, der so dick ist, dass er der Puppe bis ans Kinn reicht. Dort wohnt auch ihr Goldfisch, der Arthur heißt, und nebenan steht die Badewanne, deren Wasserhahn dauernd tropft, so dass man nachts nicht einschlafen kann. Und ganz sicher führt eine alte Steintreppe von der Küche in den Keller, in dem es bestimmt kein elektrisches Licht gibt. Dafür ist dann die letzte der drei Türen im Kellergewölbe verschlossen, weil die Puppe den Schlüssel einfach nicht finden kann und bis heute weiß niemand, was sich dahinter befindet …

Die Puppe muss das alles gar nicht auf einmal sagen. Sie kann immer mal wieder kleine Geschichten erzählen, und jedes Mal, wenn Ihnen etwas Neues einfällt, können Sie die Wohnung weiter wachsen lassen. So wird die Tasche in der Phantasie der Kinder zu einem großen und unübersichtlichen Haus voller Geschichten und Geheimnisse. Wenn Sie Sorge haben, dass Ihnen spontan nicht genug einfällt, können Sie sich hinsetzen und zwei Seiten darüber schreiben, was alles in der Wohnung sein und geschehen könnte. Und vielleicht hilft es Ihnen, einen Grundriss der Wohnung zu zeichnen, in den Sie eintragen, wo sich welches Zimmer mit welchen Möbeln befindet.

Natürlich möchten die Kinder zu gern einen Blick in die Tasche werfen und wahrscheinlich werden sie auch ihre Skepsis und ihre Zweifel äußern, ob die Tasche wirklich über so ein außergewöhnliches Innenleben verfügt. Die Illusion der bewohnbaren Tasche ist jedoch äußerst zerbrechlich und bedarf deshalb eines Schutzes wie alle anderen Illusionen auch.

Wenn Sie Ihrer Puppe erlauben, bei Bedarf auch mal etwas trotzig und unfreundlich zu sein und Distanz zu den Kindern zu wahren, kann sie selbst die Illusion am allerbesten schützen (➔ *Jule sagt nein – Kindern Grenzen setzen*, S. 95 f.).

„Zeig uns doch mal das Meerschweinchen!"
„Was?"
„Du sollst uns das Meerschweinchen zeigen! Wir möchten in deine Tasche gucken!"
„Nee, das geht nicht! Das hier ist meine eigene, spezielle, wunderschöne Privatwohntasche, und in die lasse ich nur meine allerbesten Freunde reingucken. Und euch kenne ich ja noch gar nicht richtig. Oder jedenfalls erst drei Minuten … Ich meine, wenn wir mal Freunde werden würden, dann ja. Dann könnt ihr euch natürlich gerne mal alles bei mir angucken, dann würde ich euch sogar meine Comics ausleihen. Aber bis wir so richtig Freunde sind, das dauert halt ein bisschen. 100 Jahre jedenfalls bestimmt … da müsst ihr einfach noch ein bisschen warten …"

Aus dem eigenen Spiel und den Reaktionen der Kinder schlau werden – Auswertung und Reflexion

Das Beste, was Sie tun können, um Ihre Fähigkeiten als Puppenspielerin oder Puppenspieler weiterzuentwickeln, ist viel zu spielen. Denn wie alles andere auch lernt man Puppenspiel nur in der Praxis. Je häufiger Sie spielen, desto mehr Routine, Sicherheit und Spielfreiheit werden Sie sich aneignen können. Wenn Sie viermal im Monat spielen, werden Sie viermal so viel lernen können, wie wenn Sie nur einmal spielen. Damit sich das bloße Erlebnis des Puppenspielens in bleibende Erfahrung verwandeln kann, bedarf es aber eines zweiten Schrittes: Das eigene Spiel muss ausgewertet werden. Indem Sie Ihre Auftritte reflektieren, lernen Sie forschend und fragend zu spielen. Das schützt Ihr Spiel davor, durch Routine und Wiederholungen begrenzt zu werden, und sorgt dafür, dass Sie Ihre spielerischen Möglichkeiten weiterentwickeln und Ihr Spiel lebendig bleibt.
Folgende Fragen können Ihnen dabei helfen:

- *Hat es Ihnen Spaß gemacht zu spielen? Was hat Ihnen Spaß gemacht? Wovon möchten Sie beim nächsten Mal noch mehr erleben, was möchten Sie sich beim nächsten Mal noch mehr erlauben?*

Dass Ihnen das Spiel selbst Freude bereitet, ist vielleicht noch wichtiger, als dass es Ihrem Publikum gefällt. Eine Sequenz, die Ihnen Spaß macht, wird höchstwahrscheinlich auch Ihrem Publikum gefallen, während die Chancen vermutlich sehr schlecht stehen, dass ein Spiel, an dem Sie leiden, Ihrem Publikum Freude bereitet. Auch wenn Sie Ihre Puppe in der pädagogischen oder therapeutischen Arbeit gezielt als Medium einsetzen, um Kindern Lernen zu ermöglichen, müssen Sie noch lange nicht auf den eigenen Spaß an der Sache verzichten.

- *Gab es Momente, die Ihnen schwer fielen, Situationen, in denen Sie gelitten haben? Welche waren das? Wie möchten Sie das nächste Mal mit diesen Situationen umgehen?*

Verdrängen Sie die Momente Ihres Spiels nicht, die Ihnen schwer gefallen sind oder von denen Sie enttäuscht sind. Indem Sie sich mit ihnen auseinandersetzen, können Sie Wege entdecken, sie beim nächsten Mal zu vermeiden oder abzuschwächen.

- *Hat es Ihren Zuschauern Spaß gemacht? Was hat ihnen Spaß gemacht? Wovon möchten sie beim nächsten Mal wohl noch mehr erleben?*

Wenn Sie einen Partner haben, der Ihr Spiel erlebt hat, können Sie ihm diese Fragen stellen und dadurch wertvolles Feedback erhalten. Wenn Sie niemanden haben, der Ihnen Feedback geben kann, müssen Sie versuchen, die Fragen aus den Reaktionen Ihres Publikums heraus zu beantworten. Was auch immer die Kinder genossen haben – beim nächsten Mal können Sie ihnen noch mehr davon geben.

- *Haben Sie neue Entdeckungen gemacht?*

Es ist häufig so, dass Sie durch Ihr Spiel neue Seiten an den Kindern oder an sich selbst entdecken. Außerdem werden Sie im Ausprobieren Erfahrungen über die Möglichkeiten des Puppenspiels an sich machen. Betrachten Sie alles, was Sie entdecken, wie einen kostbaren Schatz oder eine unbekannte Insel, die Sie als erste oder erster erforschen, und freuen Sie sich über Ihr Lernen.

➤ *Sind Sie auf neue Fragen gestoßen? Auf welche?*

Die Fragen, die sich aus Ihrem Auftritt ergeben haben, können Sie als (heimliche) Aufgabenstellung für Ihren nächsten Auftritt nutzen, z. B.: *Wie kann ich meine Puppe weinen lassen, ohne dass die Kinder zu ihr kommen und sie trösten wollen? Was kann ich beim nächsten Mal tun, wenn Mike wieder so viel dazwischenquasselt?*
Es gibt ganz unterschiedliche Möglichkeiten, das eigene Spiel auszuwerten. So können Sie das Ganze z. B. bei einer Tasse Tee in aller Ruhe noch einmal Revue passieren lassen. Sie können eine Kladde anlegen, in der Sie Ihre Auftritte schriftlich reflektieren, oder sich jemanden suchen, mit dem Sie sich austauschen.
Wenn es eine neue Erfahrung für Sie ist, mit den großen Puppen zu spielen, werden Sie am Anfang vermutlich etwas mehr Zeit für die Auswertung benötigen. Aber je mehr Spielerfahrung Sie sammeln und reflektieren, desto versierter und zielstrebiger werden Sie bei Ihren Auswertungen vorgehen können. Auch wenn es nicht immer möglich sein wird, jede einzelne Spielsequenz auszuwerten, lohnt es sich doch sehr, sich eine grundlegende Kultur der Reflexion anzugewöhnen.

Verläuft Ihr Spiel einmal nicht so, wie Sie es sich erhofft haben, ist es wichtig, darauf zu achten, dass aus der Auswertung keine Selbstkritik wird (vgl. Cameron 2000, S. 135 ff. und S. 212 ff.). Es kann ja schon sein, dass es an Ihnen lag, dass das Spiel nicht in Fluss kam. Vielleicht fehlte Ihnen die rettende Idee im richtigen Augenblick, vielleicht haben Sie irgendetwas Wichtiges in der Aufregung des Spiels nicht bemerkt, vielleicht hat Sie eine bestimmte Reaktion der Kinder einfach aus dem Spielfluss gebracht. All das kann und darf geschehen, auch wenn es frustriert oder schmerzt. Hinterher (oder wenn man im Publikum sitzt) weiß man es immer besser. Hüten Sie sich aber davor, sich selbst oder Ihr Spiel deshalb abzuwerten. Seien Sie gnädig mit sich. Es kann Ihnen nicht immer alles zur richtigen Zeit einfallen, Sie können nicht immer alles bemerken, was wichtig ist, und wahrscheinlich können nicht alle Auftritte aus Gold und Silber sein. Denn aus allen Auftritten lernen Sie.
Außerdem kann es genauso gut sein, dass es gar nicht an Ihnen lag, wenn der Auftritt nicht zum Aufblühen kam. Denn mit Ihrem Spiel können Sie immer nur einen Teil zum Gelingen des Ganzen beitragen – den anderen Teil muss das Publikum beisteuern. Ein gutes Publikum ist für das Spiel empfänglich. Es erwartet, verzaubert oder unterhalten zu werden. Und wenn Sie Glück haben, ist es sogar bereit mitzuspielen. Aber obwohl dies alles in der Regel in sehr hohem Maße auf Kinder zutrifft, kann es geschehen, dass Sie bei einer Spielsequenz auch einmal auf Kinder stoßen, die nicht in der Lage sind, sich auf Ihr Spiel einzulassen.

Manchmal gibt es Auftritte, die sich einer Auswertung entziehen. Das Spiel hat nicht wirklich Spaß gemacht, es kam zu keiner richtigen Begegnung mit dem Publikum und obwohl Sie eigentlich eine schöne Idee hatten, sprang der Funke nicht über …
Nach dem Spiel sind Sie irritiert und können einfach nicht herausfinden, woran es lag oder was Sie verändern müssen, damit es beim nächsten Mal wieder schöner wird.
Es kann sein, dass Ihnen der springende Punkt am nächsten Morgen beim Zähneputzen oder in einem halben Jahr während einer Autofahrt einfällt. Vielleicht werden Sie ihn auch nie erfahren. Für den Augenblick ist es jedenfalls wichtig, das Grübeln zu begrenzen und anzuerkennen, dass Sie gerade vor einem Rätsel stehen.
Manchmal kann ein Murmelvers dabei helfen:

Es war, was es war.
Es ist, was es ist.
Und es wird sein, was es sein wird.

Spielfreiheit entfalten

Hinter der Puppe verschwinden – unsichtbar werden und bleiben

Im klassischen Puppentheater sind allein die Puppen sichtbar, während die SpielerInnen hinter der Spielleiste verborgen bleiben. Beim Spiel mit den großen Puppen gibt es jedoch keine Wand zum Verstecken, und so sind die SpielerInnen für das Publikum sichtbar. Dennoch erscheint es, als gäbe es sie nicht mehr, sobald die Puppe lebendig wird. Das Gesetz, das hier wirkt, heißt: „Wenn es Verschiedenes zu sehen gibt, sieht das Publikum nur das, was am Interessantesten ist." Solange Sie Ihre Puppe bespielen, verschwinden Sie deshalb im Hintergrund, und je lebendiger Sie Ihre Puppe spielen, desto unsichtbarer werden Sie. Sie verschwinden sozusagen im großen Land der Nebensächlichkeiten, aus dem Sie nur dann wieder heraustreten, wenn das Spiel zu Ende ist.

Diese Unsichtbarkeit hat verschiedene Vorteile: Zum einen müssen Sie nicht extra Bauchreden lernen, weil Ihr Mund ja gar nicht beachtet wird. Zum anderen können Sie Ihr Publikum in aller Ruhe wahrnehmen, während Sie spielen. Sie können die Reaktionen der Kinder auf das Spiel direkt von ihren Gesichtern ablesen und daran erkennen, wie Ihr Spiel verläuft, wie weit Sie noch gehen dürfen und welche Korrekturen Sie ggf. unternehmen müssen. Dadurch stehen Sie in viel direkterer Verbindung mit Ihrem Publikum, als das z. B. beim Kaspertheater der Fall ist, bei dem die Spielerin oder der Spieler zum Großteil blind oder mit sehr eingeschränkter Sicht auf das Publikum spielen muss.

Kann sich ein Kind überhaupt nicht auf das Spiel einlassen, muss die Puppe auf einmal los, weil sie vergessen hat, den Herd abzustellen oder das Meerschweinchen zu füttern …

Wenn Sie beim Spielen angesehen werden

Dennoch kommt es gelegentlich vor, dass die Kinder Sie statt der Puppe ansehen. Meist geschieht das am Anfang einer Spielsequenz und ist ein Zeichen dafür, dass sich die Kinder noch nicht ganz auf die Puppe eingelassen haben. In diesem Fall kann die Puppe ansprechen, dass sie noch nicht die Aufmerksamkeit bekommt, die sie sich wünscht: *„Hey – wo guckst du denn hin? Das ist nur Lars, der spielt hier wieder ein bisschen herum, glaube ich. Ist aber egal. Ich bin jedenfalls Alfons …"*

Wenn Ihr Gegenüber weiterhin an der Puppe vorbei sieht, kann es die Puppe ein zweites Mal thematisieren – etwas hartnäckig darf sie schon sein. Aber erlauben Sie Ihrem Gegenüber dann, dorthin zu sehen, wo es will. Es hat bestimmt seine Gründe dafür, und wenn die Puppe die Aufmerksamkeit des übrigen Publikums hat, genügt das.
Wenn Sie nur vor einer einzigen Person spielen und es gelingt Ihnen trotz verschiedener Bemühungen nicht, dass sie die Puppe ansieht, ist es allerdings an der Zeit, das Spiel würdevoll zu beenden (*„Äh, also, ich geh dann wieder, ja? Ich fühle mich hier gerade so überflüssig und außerdem wollte ich noch meine Fußnägel lackieren … Tschüss!"*).

Verantwortung abgeben und Spielfreiheit entfalten

In der Regel werden Sie von Ihrem Publikum nicht mehr wahrgenommen, wenn Ihr Spiel in Fluss kommt. Zugespitzt kann man sagen: Es gibt Sie jetzt nicht mehr.
Wenn Sie diese Situation erreicht haben, können Sie noch einen Schritt weitergehen: Hören Sie auf, sich für Ihre Puppe oder Ihr Spiel verantwortlich zu fühlen. Wenn Ihre Puppe frech ist, ist sie eben frech, und das hat mit Ihnen nichts zu tun. Wenn sie komische Ideen hat, sind es die komischen Ideen der Puppe und nicht Ihre. Und wenn sie einmal zu weit geht oder etwas kaputt macht, muss sie sich dafür entschuldigen und die Sache wieder in Ordnung bringen. Schieben Sie alles, was schief läuft oder womit Sie sich im Spiel unwohl fühlen, einfach der Puppe in die Schuhe.

Je mehr es Ihnen gelingt, mit dieser Einstellung zu spielen, desto lebendiger, kreativer und eindrucksvoller wird Ihr Spiel werden. Sie werden frei, mit Ihrer Puppe Dinge auszuprobieren und zu wagen, die Ihnen sonst nicht im Traum einfallen würden, weil Ihre Puppe alle Risiken übernimmt. Hier liegt der Schlüssel zu Spielfreiheit und Spielfreude verborgen!
Nicht für die Puppe verantwortlich zu sein heißt frei zu spielen. Es bedeutet nicht, verantwortungslos zu spielen. Verantwortungslos zu spielen heißt, die Grenzen des Publikums zu missachten. Aber wenn Sie Ihrem Publikum mit Achtsamkeit begegnen, können Sie frei spielen, ohne dass Sie Ihr Publikum verletzen oder missbrauchen (➔ *Grenzen berühren*, S. 66 f.).

Das Spiel intensivieren

Pausen setzen und Stille zulassen

Wenn Sie eine Handlung oder einen Gedankengang beendet haben, können Sie sich und Ihrem Publikum mit einer Pause eine kostbare Möglichkeit schaffen, um das Vorherige ausklingen zu lassen und dadurch für Neues wieder bereit zu werden. Eine solche Pause ist Ende und Anfang in einem. Sie ist ein winziger Moment, in dem die Zeit still steht und scheinbar gar nichts geschieht.

Pausen bestehen aus nichts als Nichts und sind doch in der Lage, das Spiel sehr an Ausdruck und Intensität gewinnen zu lassen. Sie sind unsichtbare kleine Wunder, durch die Sie Akzente setzen, Spannung erzeugen und Räume schaffen, in denen Stimmungen und Gefühle groß werden können.

Pausen können auch eingesetzt werden, um Spannung zu steigern. In diesem Fall geht es nicht darum, eine Handlung ausklingen zu lassen, sondern sie zu verzögern und innehaltend zu spielen: *„Joe ..." Die Puppe streicht sich über die Hose. „Joe, ich ... wollt dich mal was fragen ..."* Das Publikum ahnt vielleicht schon, was kommen wird, aber indem die Zielstrebigkeit und Geschwindigkeit des Spiels gedrosselt wird und die Puppe wie die Katze um den heißen Brei schleicht, wird es in die Spannung versetzt, abwarten zu müssen, ob sich die eigenen Erwartungen bestätigen oder der Spielverlauf noch überraschende Wendungen nimmt.

Pausen müssen nicht lang sein. Lassen Sie Ihre Puppe nur für zwei Sekunden innehalten, und schon haben Sie einen Ruhepunkt geschaffen. Lassen Sie sie an der richtigen Stelle fünf Sekunden schweigen und Sie können spüren, wie die Spannung in Ihrem Publikum steigt.

Wenn Sie in Ihrem Spiel Momente der Stille zulassen möchten, benötigen Sie ein Publikum, das in der Lage ist, die Stille auszuhalten, ohne sich in das Spielgeschehen einzuschalten. Die Kunst besteht darin abzuschätzen, wie viel Stille Sie Ihrem Publikum zumuten können, bevor es anfängt, unruhig oder interaktiv zu werden.

Dennoch kann es Ihnen aus verschiedenen Gründen schwer fallen, Pausen zuzulassen: Vielleicht glauben Sie, dass fließend reden können und klug sein dasselbe ist, und Sie haben lange an sich gearbeitet, um es sich abzugewöhnen, beim Sprechen zu stottern, zu stocken oder innezuhalten, um nicht für dumm oder unsicher gehalten zu werden. Oder Sie bewegen sich in Gesprächskulturen, in denen Ihre GesprächpartnerInnen Ihre Redepausen als Gelegenheit ausnutzen, selbst das Wort zu ergreifen, anstatt Ihnen zuzuhören, bis Sie Ihre Gedanken zu Ende entwickelt haben und haben deshalb gelernt, Pausen beim Reden zu vermeiden. In diesem Fall müssen Sie für Ihr Spiel vielleicht neu lernen, Pausen zuzulassen. Denn es geht ja nicht darum, dass Sie Ihre Puppe bereden, sondern dass Sie sie bespielen, und sie soll ja keine Reden halten und niemanden vollquatschen (außer, wenn Sie Ihre Puppe einmal als Quasselstrippe spielen lassen wollen, aber wundern Sie sich dann nicht, wenn das Ihr Publikum nach einer Weile sehr anstrengt ...).

Eine weitere Schwierigkeit kann darin bestehen, die Stille, die während einer Pause entsteht, auszuhalten. Wenn das Publikum lacht, kichert, klatscht, auf Fragen antwortet oder auf irgendeine andere Weise auf das Spiel reagiert, wissen Sie, woran Sie sind. Wenn es sich aber auf eine leise Szene in Ihrem Spiel einlässt und Ihnen mucksmäuschenstill zusieht, kann Sie das irritieren und zu der Fehldeutung verleiten, dass Ihr Spiel langweilig wäre. Sie sehen ja nicht, wie die Kinder eine Gänsehaut bekommen, wie sich ihre Augen weiten, wie sie sich auf die Unterlippe beißen oder sogar still Tränen kullern, und es braucht Mut, eine Gruppe von Menschen in die Stille zu führen. Aber auch hier gilt: Beginnen Sie in kleinen Schritten. Je mehr Erfahrung Sie machen, desto besser können Sie Ihr Spiel und seine Wirkung einschätzen und desto sicherer wissen Sie, wann und wie Sie Momente der Stille in Ihr Spiel einweben können.

Gefühle ins Spiel bringen

Insbesondere wenn Sie vor Kindern spielen, ist es wichtig, dass Sie Ihrer Puppe erlauben, viele intensive Gefühle einzubringen. Spielen Sie die Puppe deshalb staunend, ängstlich, wütend, neidisch, hochnäsig, nachdenklich, übermütig, verwirrt, hungrig, verträumt, müde, aufgekratzt und zerstreut. Spielen Sie sie begeistert, zufrieden, misstrauisch, panisch, glücklich, bedrückt oder angeekelt. Solange Sie die Grenzen Ihres Publikums nicht überschreiten (➜ *Grenzen berühren*, S. 66 f.), können Sie Ihre Puppe mit jedem Gefühl ausstatten, das Ihnen begegnet.

Wenn Sie Ihr Spiel darauf beschränken, die Puppe einfach nur erzählen zu lassen, sind die Möglichkeiten der Kinder, ihr zuzuhören, schnell erschöpft. Wenn die Kinder jedoch nicht nur die Worte, sondern auch die Gefühle der Puppe erleben, können sie ihr viel leichter, länger und intensiver ihre Aufmerksamkeit schenken. Das Spiel wird für sie reicher und faszinierender, denn Sie sprechen nicht nur ihren Intellekt, sondern auch ihr Herz an.

Sie können Ihre Puppe auf zwei unterschiedliche Arten Gefühle erleben lassen:

- Zum einen kann sie in dem Augenblick, in dem sie gespielt wird, einen bestimmten Impuls erleben und direkt und ausdrucksvoll auf ihn reagieren:
  Die Puppe sieht Ihr Pausenbrot und bekommt auf einmal Hunger: „Ohhhhh … das riecht aber gut! Ohhh … wie das duftet … hmmm …“
- Wenn die Puppe eine Geschichte erzählt, kann sie auch die Stimmungen und Gefühle, die in den handelnden Personen im Verlauf der Geschichte lebendig sind, in ihrem Erzählen selbst vergegenwärtigen. Dazu hält sie die Handlung der Geschichte an, um das betreffende Gefühl auszudrücken:
  „Als der Junge das Haus betrat, roch er sofort die Suppe, die die alte Frau gekocht hatte. Oh … wie das d-u-f-t-e-te *… Er blieb erst einmal stehen, um einfach nur zu schnuppern: Oh … hmmm … oooh … Nie hatte etwas in seinem ganzen Leben köstlicher gerochen …“*

Gefühle groß werden lassen

Weil Ihre Puppe ein kindliches Wesen hat (➜ *Die Puppe als Kind,* S. 7 f.), muss sie sich nicht zurücknehmen und Gefühle unterdrücken, wie Erwachsene das oft tun. Sie braucht keinen ausgeglichenen Gefühlszustand anzustreben, sie kann ihre Gefühle aufblühen und überfließen lassen. Erlauben Sie sich deshalb, die Gefühle, die Sie mit der Puppe ausdrücken möchten, groß werden zu lassen. Geben Sie Ihrer Puppe die Freiheit, laut herumzuschreien, zu seufzen, heulen, stöhnen, jammern, summen, klagen, singen, lamentieren oder zu trällern. Genießen Sie es, dabei leicht (oder sehr) zu übertreiben – die Kinder werden Ihr Spiel dafür lieben.

Gefühle kommentieren

Es ist ein Unterschied, ob die Puppe ihre Gefühle kommentiert oder ob sie sie ausdrückt. Wenn die Puppe ihre Gefühle kommentiert, hilft sie ihrem Publikum zu verstehen, was sie oder warum sie etwas fühlt:

„Ich bin heute so ganz seltsam traurig und ich weiß gar nicht so genau, warum eigentlich. Das ist ganz eigenartig, da ist so eine seltsame Traurigkeit in meinem Herzen, lila oder dunkelgrünblau. Die kriege ich immer, wenn ich sehe, wie im Herbst die Blätter von den Bäumen fallen. Und dann habe ich auf einmal zu gar nichts mehr Lust, außer vor mich hinzuträumen, dann würde ich am liebsten abhauen und ganz weit weg fahren, wo mich niemand mehr kennt …“

Wenn Sie die Puppe Gefühle reflektieren und kommentieren lassen, verfügen Sie über großartige Möglichkeiten, Klarheit und Verständnis zu schaffen. Aber achten Sie darauf, das Kommentieren von Gefühlen nicht mit dem Ausdrücken von Gefühlen zu verwechseln. Sonst besteht die Gefahr, dass die Puppe nur noch von einem bestimmten Gefühl redet, anstatt es auszudrücken:

„Oh, ich bin gerade so traurig, was bin ich heute traurig, ich glaube, so traurig war ich seit 17 Jahren

nicht mehr, uiuiui, ich bin ja schon fast so traurig, wie der Hund von meiner Nachbarin aussieht …"

Gefühle wohnen nicht in den Worten selbst, sondern in der Art und Weise, wie sie betont werden, in ihrem Klang, in der Stille zwischen ihnen oder am Ende eines Satzes, in einer Geste, einem Seufzer oder in einer bestimmten Körperhaltung.

Emotionale Geräusche

Emotionale Geräusche (vgl. Johnstone 1998, S. 342) sind Laute, die Menschen in Verbindung mit Emotionen von sich geben, wie „oh", „hui" oder „ah" beim Staunen, „iihh", „buäh", „bah", pfff", „uahh" bei Ekel, „autsch", „au" etc. bei Schmerzen, „huch" bei Schreck, „ähh …" und „öh …" bei Ratlosigkeit, „aaaahh" bei Genuss und Entspannung, „hm" bei Nachdenklichkeit oder Skepsis usw.
Emotionale Geräusche stellen eine großartige Möglichkeit dar, Gefühlen Raum zu verschaffen und den Ausdruck des Spiels zu intensivieren. Wenn Sie emotionale Geräusche gut mit der Führung Ihrer Puppe abstimmen, wirken sie bereits, auch wenn sie nur sehr klein und nahezu unmerklich in das Spiel eingefügt werden, z. B. wenn Ihre Puppe einen Fleck auf ihrer Hose bemerkt, ihren Kopf schockiert ein kleines Bisschen mit einem winzigen Ruck nach hinten zieht (dabei aber den Blickkontakt zu dem Fleck behält) und ein kurzes, entrüstetes „oh!" von sich gibt. Emotionale Geräusche können auch eingesetzt werden, um Gefühle bis ins Unendliche zu steigern, z. B. wenn die Puppe die neuen Schuhe eines Kindes bestaunt: *„Oooooohhhh … oh … ohoo oooooooooooooooooooooohh, oooooooooh …, sind die aber schick! … ohhhhhhh."* Und dann zelebriert die Puppe eine halbe Minute lang das große kosmische Oh des Staunens …

Die eigenen Gefühle und Themen (heimlich) mit ins Spiel nehmen

Wenn es beim Spielen ganz friedlich und ausgeglichen in Ihrer Seele aussieht, ist das gut, denn dann sind Sie frei, Ihre Spielplanung zu verfolgen, die Stimmungen und Themen im Publikum wahrzunehmen und aufzugreifen oder mit Ihren eigenen Einfällen und Ideen zu spielen. Wenn in Ihnen jedoch ein bestimmtes Gefühl sehr lebendig ist, das Sie während des Spielens nicht unterdrücken können oder wollen, kann das auch klasse sein, denn dann können Sie Ihre Puppe dieses Gefühl für Sie ausdrücken lassen.

Jedes Gefühl, das Sie als Spielerin oder Spieler empfinden, und jedes Thema, das Sie bewegt, können Sie der Puppe geben, solange es nicht die Grenzen des Publikums verletzt. Das hat den Vorteil, dass Sie die Puppe mit Ihren echten Gefühlen spielen lassen können, anstatt Stimmungen produzieren zu müssen, die Sie gerade gar nicht empfinden. Auf diese Weise kann Ihr Spiel sehr an Überzeugungskraft und Unmittelbarkeit gewinnen.
Wenn Sie ein Gefühl, das Sie gerade spüren, nicht ausdrücken wollen, bleibt Ihnen nur die Möglich-

keit, es zu überspielen bzw. zu unterdrücken. Das ist kein Problem, wenn Sie das betreffende Gefühl nicht besonders intensiv empfinden, aber sobald Sie von ihm heftiger ergriffen sind, wird es schwieriger.

Nehmen wir einmal an, eine Lehrerin hatte kurz vor der Unterrichtsstunde noch ein Gespräch mit ihrer Rektorin, das sie sehr wütend werden ließ. Weil das Gespräch zwischen Tür und Angel stattfand und alles so schnell ging, hatte sie keine Zeit, ihren Ärger im Gespräch zu thematisieren, und nun kocht es zu Unterrichtsbeginn noch in ihr. Wenn sie jetzt ihre Handpuppe herausholt, um mit ihr den geplanten fröhlichen Einstieg zum Thema Nordsee durchzuführen, wird sie vermutlich in große Schwierigkeiten geraten, weil von der leichten, schwungvollen, fröhlichen Stimmung, mit der sie ihre Puppe zu spielen plante, gerade so gar nichts mehr in ihr vorhanden ist. Sie könnte jetzt zwar versuchen, mit aller Kraft ihre Wut zu unterdrücken und sich anstrengen, gute Laune vorzuspielen, aber das Unterdrücken ihrer Stimmung kann sie unter Umständen so viel Kraft kosten, dass sie nur halbherzig und unkonzentriert beim Spielen ist, und die vorgespielte gute Laune wird vermutlich wenig überzeugend sein. In einem solchen Fall kann es viel einfacher und befreiender sein, wenn sie ihren ganzen Ärger ihrer Puppe gibt und den Spielverlauf ein wenig variiert:

Die Puppe erscheint brodelnd vor Wut: *„Oh!“* Sie schnappt nach Luft! *„Oh! … Ich könnte platzen vor Wut! Kinder, ihr glaubt ja gar nicht, wie wütend ich bin! Oh …!“* Und die Puppe schüttelt sich richtig vor Wut, haut mit der Hand auf den Tisch, schreit herum oder stellt sonst was an. Sobald sie ihre Wut ausgedrückt und dadurch abgelassen hat, wird sie wieder ruhiger und kann den Kindern erklären, was los war (bis dahin ist der Spielerin auch ein Grund eingefallen): Möglicherweise hat ihr jemand eine Stinkbombe in die Tasche geworfen, vielleicht ist ihr Fernseher kaputt gegangen oder ihr Goldfisch schnarcht so laut, dass sie nicht schlafen kann. Eventuell lässt sich die Wut auch mit der Thematik verbinden, zu der die Puppe eingesetzt werden soll, und dann ist sie einfach deshalb sauer, weil irgendjemand das ganze Meer geklaut hat:

„Gestern Abend, da war es noch da! Aber heute Morgen, als wir losfuhren, da war es komplett verschwunden. Da war nur noch Sand und Schlick und Steine … aber wehe, wehe, wehe, wehe, wenn ich den Meeresdieb erwische! Der kann vielleicht was erleben!“

Wenn Sie sich trauen, Ihre Stimmung im Spiel auf diese Weise auszudrücken, tun Sie das Beste, was Sie tun können, um sich ihrer zu entledigen und wieder kraftvoll und präsent spielen (und unterrichten) zu können.

Wenn Sie Ihre Gefühle ins Spiel einfließen lassen, ist es jedoch ratsam, nicht zu verraten, dass es sich um die eigenen Gefühle handelt und die eigentliche Geschichte, die diese Gefühle bei Ihnen auslöste, als ein Geheimnis zu hüten. Andernfalls könnte das Publikum beginnen, Ihr Spiel zu deuten, und das könnte Sie viel Leichtigkeit und Unbekümmertheit kosten. Das Publikum braucht nie zu erfahren, dass hinter der total verschlafenen Puppe, die die Nacht auf der Abschiedsparty einer Eintagsfliege durchgezecht hat, in Wahrheit die durchwachte Nacht steht, die Sie am Bett Ihres kranken Kindes verbracht haben. Oder dass die Wut, die Ihre Puppe auf den schnarchenden Goldfisch hat, erstaunliche Ähnlichkeiten zu dem großen Ärger aufweist, den Sie auf Ihren Partner verspüren, der Sie in einer Ihnen wichtigen Angelegenheit schon wieder übersehen hat. Wenn Sie wollen, können Sie den Goldfisch bei der Gelegenheit auch mit einer riesigen Schusseligkeit ausstatten und dann kommt nicht nur Ihr Gefühl, sondern auch der Anlass dazu in Ihrem Spiel vor.

Themen und Gefühle des Publikums aufnehmen

Um pädagogisch geschickt arbeiten zu können, lohnt es sich, die Themen oder Gefühle, die das Publikum oder ein einzelnes Kind beschäftigen, in das Spiel aufzunehmen (→ *Die Puppe als Narr,* S. 9 f., und → *Susi spricht den Kindern aus der Seele,* S. 85 f.). Aber auch für eine improvisierte Spiel-

sequenz, die ganz frei von jeglicher pädagogischer Zielsetzung ist, hilft es sehr, das Publikum gut wahrzunehmen. Denn so wie es geschehen kann, dass Sie nicht richtig frei spielen können, weil ein Thema oder eine Stimmung verquer auf Ihrer Seele liegt, kann es auch sein, dass die Kinder nicht richtig Publikum sein und der Puppe zusehen können, weil sie gerade ein anderes Thema bewegt: Vielleicht ist die Geburtstagsgesellschaft noch immer zerstritten, weil das neue Segelflugzeug zerbrach, die ganze Gruppe aus dem Häuschen, weil die Kindergartenmaus gerade Junge bekommen hat, oder Tina einfach traurig, weil ihre beste Freundin in Urlaub ist. Dann ist es sehr wichtig, die Gefühle und Themen des Publikums gleich zu Beginn des Spiels aufzunehmen, um die Aufmerksamkeit der Kinder zu erreichen.
Natürlich können Sie das Spiel auch dazu nutzen, um zu beruhigen, zu versöhnen oder zu trösten. Aber vielleicht genügt es auch einmal, die Stimmung so zu lassen, wie sie ist und sie einfach als ein Element in das Spiel aufzunehmen.

Grenzen berühren

Wenn Sie es zulassen, dass Ihre Puppe Narrenfreiheit entfaltet, darf sie sich bei Ihrem Publikum viel größere Freiheiten herausnehmen und viel weiter gehen, als Sie es je dürften. Dennoch ist auch den Spielmöglichkeiten der Puppe eine Grenze gesetzt. Diese Grenze wird durch die Menschen bestimmt, mit denen oder für die sie spielt. Es ist die kleine feine Linie, bis zu der das Spiel reichen kann, wenn es erfreuen, begeistern, faszinieren oder verblüffen soll. Wenn die Puppe jedoch nur ein wenig zu weit geht, überschreitet sie diese Linie. Dann kommt sie den Menschen zu nahe und betritt einen Raum, den diese für das Spiel oder die gemeinsame Wahrnehmung nicht mehr zur Verfügung stellen wollen oder können. Das Spiel, das sie bis vor wenigen Augenblicken noch genossen haben, verwandelt sich für sie auf einmal in eine Bedrohung oder ein Ärgernis, und die Puppe verliert schlagartig die Gunst des Publikums.

Die Menschen, mit denen Sie spielen, bestimmen die Grenzen des Spiels.

Das einzige, was ihr dann zu tun bleibt, ist, sich ganz ernsthaft zu entschuldigen: *Die Puppe hält auf einmal inne, wird still, blickt kurz zu Boden und dann wieder hoch: „Oh … ich glaube, jetzt bin ich zu weit gegangen.“* Sie nimmt ihre Hand langsam und sanft vor den Mund, verharrt ein wenig und blickt dabei ihr Publikum an. Dann nimmt sie die Hand wieder herunter: *„Das tut mir leid … manchmal überkommt es mich einfach und dann bin ich so schrecklich frech … das soll so doch eigentlich gar nicht sein, denn schließlich soll unser Spiel ja allen Spaß machen … Ich passe jetzt wieder besser auf …, ja?“*
Aus Angst, zu weit zu gehen oder das Kind oder Publikum zu überfordern, werden Puppen manch-

mal mit einem Übermaß an Freundlichkeit, Harmlosigkeit und Niedlichkeit gespielt:
„… und wenn wir bei meiner Oma sind, werden wir die Äpfel ernten. Die sind dann nämlich bestimmt alle schon reif und ganz rot. Manche haben Würmer, aber die mag ich nicht. Und die nehmen wir auch nicht. Wir nehmen nur die guten. Und aus den guten Äpfeln macht meine Oma dann Apfelmus, das wir auf unsere Pfannkuchen tun. Magst du auch Pfannkuchen?"
Für ein dreijähriges Kind, das gerade seine Angst vor der Puppe überwunden hat und beginnt, mit ihr Freundschaft zu schließen, ist eine solche Spielweise notwendig und hervorragend. Aber wenn sie vor mehreren und älteren Kindern spielt, ist es notwendig, das große Land der Nettigkeit zu verlassen und frecher zu spielen, um ihre Aufmerksamkeit gewinnen und halten zu können.
Wenn Sie nur ein wenig Sensibilität walten lassen, müssen Sie keine Angst haben, dass Ihre Puppe dabei zu weit geht und die Grenzen des Publikums überschreitet. Dennoch lohnt es sich sehr, die Grenzen des Publikums genau auszuloten und das Spiel an ihnen zu orientieren. Denn wenn Sie wissen, wo die Grenzen Ihres Publikums verlaufen, müssen Sie sich ihnen nur nähern, um Ihr Spiel spannend werden zu lassen. Dann kann vielleicht auch einmal eine derartige Spielsequenz entstehen:

Biologieunterricht in der Klasse 5 D. Die Puppe Laila erscheint gut gelaunt und aufgeregt:
„Ohhhhh! Wisst ihr was? Ich glaube, ich werde schon so ein ganz, ganz, ganzganzganz kleines bisschen erwachsen!" Sie summt aufgeregt und streicht mit ihrer Hand Staub von ihrer Hose. Dann hält sie auf einmal inne, zieht den Kopf geheimnisvoll ein klein wenig ein, nimmt einen Finger vor den Mund und blickt in die Runde. „Pst!" Sie flüstert: „Ich glaube, ich kriege Busen!"
Die Kinder lachen. Es ist gut möglich, dass das Lachen etwas verschämt ist, und bestimmt werden einige Kinder versucht sein, die entsprechenden Kommentare abzugeben. Die Puppe wartet, bis das Lachen verebbt ist. Sie reagieren vielleicht kurz auf einen Spruch (dann ist es aber wichtig, dass die Puppe in ihrer Reaktion ihren unschuldigen Zugang zu dem Thema behält). Dann fährt sie fort:
„Na ja, vielleicht nicht heute. Aber irgendwann muss es doch mal soweit sein. Busen … das ist vielleicht verrückt …"

Sie können es an den Reaktionen des Publikums erkennen, wenn Sie sich seinen Grenzen nähern. Die Spannung nimmt zu und Stille kehrt ein. Bei genauerem Hinsehen können Sie beobachten, wie sich die Menschen auf einmal gerade hinsetzen, wacher werden, ihre Münder aufgehen und sich die Augen etwas öffnen. Vielleicht wird auf den Gesichtern auch Staunen oder Ungläubigkeit sichtbar nach dem Motto: „Das kann doch nicht sein! Was macht die gerade / wovon spricht sie …?"
Wenn Ihr Publikum derartig auf Ihr Spiel reagiert, berühren Sie seine Grenze bereits. Wie der Narr auf den Tarot-Karten befinden Sie sich mit einem Fuß bereits über dem Abgrund – intensiver können Sie Ihr Spiel nicht mehr gestalten.
Jemandem, der erst dabei ist Puppenspiel auszuprobieren, sei diese Spielweise nicht empfohlen. Doch wenn Sie über so viele Erfahrungen verfügen, dass Sie auch in kritischen Situationen noch halbwegs entspannt bleiben und mit Spielfreiheit auf Ihr Publikum reagieren können, sind Sie in der Lage, sich im Spiel den Grenzen Ihres Publikums anzunähern.
Es ist nicht nötig, das Spiel auf diese Weise immer ganz auf die Spitze zu treiben, aber wenn sich die Möglichkeit für Sie eröffnet, im Spiel bis an die Grenzen zu gehen, können Sie sehr brillante und spannende Spielsequenzen entwickeln.

Improvisieren

Die Kunst, in Ruhe nicht mehr weiterzuwissen

Wenn Sie Ihre Puppe einsetzen, wird es immer wieder vorkommen, dass Sie auf einmal nicht mehr weiter wissen. Irgendeine überraschende Reaktion der Kinder (oder das Ausbleiben einer Reaktion, mit der Sie fest gerechnet haben), eine Frage, die Sie verblüfft, oder ein Einwand, der Sie aus dem Konzept bringt, und auf einmal haben Sie den Faden verloren.

Wenn Sie beim Erzählen nicht mehr weiterwissen, ist es am besten, wenn Sie Ihre Ratlosigkeit der Puppe übergeben.

In manchen Situationen wird es Ihnen ein Leichtes sein, mit Überraschungen und Störungen umzugehen: Sie reagieren frei, einfallsreich und spontan, und Ihr Spiel bleibt trotz aller Turbulenzen wunderbar im Fluss. In anderen Momenten kann es aber auch geschehen, dass Sie aus dem Gleichgewicht geraten, das Spiel ins Stocken kommt, und sich in Ihrem Kopf die große Ratlosigkeit und das große, kosmische „*Äh …*" ausbreitet. Je länger diese Situation anhält, desto unangenehmer kann sie für Sie werden. Das Beste, was Sie in dieser Lage tun können, ist, Ihre komplette Ratlosigkeit an die Puppe weiterzugeben:

Isabella kratzt sich an der Stirn: „Also … ich … pfff …" Sie blickt auf den Fußboden, schaut wieder auf und sieht die Kinder an: „Tja … also ehrlich gesagt …" – sie schüttelt langsam ihren Kopf – „… habe ich auch keine Ahnung, wie es jetzt weitergeht …"

Wenn Sie nicht nur ratlos sind, sondern neben der Ratlosigkeit auch noch die Angst vor der Ratlosigkeit spüren, können Sie diese ebenfalls an die Puppe abtreten:

„Auweia, weia, weia … Jetzt bin ich schon fast so durcheinander wie mein Opa!"
Erschrocken nimmt Isabella die Hand vor den Mund.
„Wenn das so weitergeht, dann weiß ich morgen vielleicht schon gar nicht mehr, wann ich Geburtstag habe! … Uiuiuiuiui …" Isabella wedelt mit ihrer Hand, als hätte sie sich verbrannt. „Uiuiuiuiui … Na ja, wenigstens weiß ich noch, dass ihr die Klasse 2 C seid!"
„Wir sind die 1 A!"
„Die 1 A??? Aber die wollte ich doch erst am Mittwoch besuchen!"
„Heute ist doch Mittwoch!"
„Oh … ehrlich? … Auweia, Kinder, auweia – ich glaube, ich habe gerade das große, maledivische Gehirnwirrwarr! Uiuiuiui …."

Auf diese Weise verwandeln Sie Ihre Ahnungslosigkeit und Angst in Spiel, statt sie zu verdrängen oder zu überspielen. Dabei können Sie ihr viel (und wahrscheinlich sogar alles) von ihrem Schrecken nehmen und sich wieder entspannen. Die Chancen, dass die Spielfreude wieder zu Ihnen zurückkehrt und das Spiel wieder in Fluss kommt, steigen rasant an.

Aber Sie müssen ja nicht unbedingt mit Angst reagieren, wenn Sie im Spiel einmal nicht weiterwissen. Vielleicht sind Sie einfach nur darüber erstaunt (oder Ihre Angst verwandelt sich im Laufe des Spiels in Staunen). Dann können Sie Ihrer Puppe auch Ihr Staunen überlassen:

„Das ist ja phantastisch: Also so eine Leere in meinem Kopf …!“ Isabella hält ihren Kopf schräg, als würde sie lauschen, dann schüttelt sie ihn. „Da ist ja überhaupt nichts drin. – Nichts! Nicht die kleinste Idee …! Alles komplett leer … So eine Leere habe ich eigentlich sonst immer nur, wenn Frau Schmidt mir Malnehmen beibringen will. – Toll …“

Ist die Spielerin oder der Spieler in der Lage, mit der Puppe in den Dialog zu treten, kann diese Spieltechnik dazu genutzt werden, um die eigene Ratlosigkeit in das Spiel zu integrieren:

„Wisst ihr was, Kinder? Frau Schmidt hat gerade überhaupt keine Ahnung, wie es weitergehen soll!“

„Also Alfons! Das musst du doch nicht verraten! Außerdem fällt mir bestimmt gleich was ein!“

„Was? – Nee, das glaube ich nicht! Du bist gerade viel zu hektisch und zu nervös, da fällt dir bestimmt nichts mehr ein. Man merkt einfach, dass du noch keine Erfahrung als Puppenspielerin hast!“

„Oh, das war jetzt gemein, Alfons! Aber wenn du schon so schlau bist, kannst du jetzt ja sicher sagen, wie es weitergeht!“

„Öh … – ich … was?“

„Sag du doch, was wir jetzt machen sollen! Du bist doch so schlau!“

„Öh, ja, … also …“ Alfons kratzt sich an der Stirn. „Öh, wir könnten ja, also … wir könnten …“

„Siehst du, dir fällt auch nicht ein, was wir machen können!“

„Doch! Jetzt hab ich's: Wir machen einen Wettbewerb, wem am wenigsten einfällt! Und als ersten Preis gibt es eine Dose voll Nichts!“

„Auja! Aber ich glaube, mit so einer guten Idee hast du schon verloren …“

Auf diese Weise können Sie so lange mit Ihrer Ratlosigkeit spielen, bis Sie wieder wissen, wie es weitergeht. Sie müssen keine Sorge haben, dass Sie ewig ratlos bleiben: Wenn Sie Ihre Ratlosigkeit im Spiel ausdrücken, wird sie vorbeigehen, und je intensiver Sie sich ihr widmen, desto schneller. Betrachten Sie Ihre Ratlosigkeit einfach als einen Gast, der von Zeit zu Zeit die Bühne betritt und auch einmal ein wenig Aufmerksamkeit haben will. Je häufiger Ihnen dieser Gast begegnet, desto besser können Sie mit ihm umgehen, und desto mehr wird Ihre Fähigkeit zu improvisieren wachsen.

Es muss gar nicht so schlimm sein, wenn man mal nicht weiterweiß …

Vom geplanten Spiel zur freien Improvisation

Improvisation ist die Fähigkeit, auf überraschende Situationen mit den zur Verfügung stehenden Mitteln spontan zu reagieren. Wer gut improvisieren kann, hat deshalb die besten Voraussetzungen, um Krisen zu managen. Doch Improvisation vermag über schlichtes Krisenmanagement weit hinauszureichen: Sie ist das spontane Spiel mit der eigenen Vorstellungskraft und die Kunst, sich und andere durch Einfallsreichtum zu beschenken. Sie ist die Übung, eigenen Ideen zu trauen, ihnen Gestalt zu geben und die Phantasie fließen zu lassen.

Je detaillierter Sie das Drehbuch für Ihr Spiel festlegen und je ausführlicher Sie dadurch Ihre Zukunft verplanen, desto weniger Raum bleibt für die Improvisation. Wenn Sie die Puppe die ersten Male einsetzen, kann Ihre Spielplanung Ihnen unschätzbare Dienste leisten, weil sie Ihnen hilft, einen Weg durch unwegsames Gelände zu bahnen (➔ *Den Spielverlauf planen*, S. 46 ff.). Sie schützt Sie davor, sich beim Spielen in einem Dschungel zu verirren, in einem Sumpfgelände stecken zu bleiben oder in eine Schlucht zu stürzen. Sie schlägt Schneisen, baut Brücken und befestigt den Weg mit Holzbohlen oder Pflastersteinen. Je ausführlicher die Planung gestaltet wird, desto mehr Wildnis wird verdrängt und desto kleiner werden die Zwischenräume zwischen den Bohlen und Steinen. Bei einer klassischen Theateraufführung geht diese Entwicklung so weit, dass am Ende eine asphaltierte Landstraße steht, auf der die Spielhandlung reibungslos ablaufen kann.

Damit Sie sich bei Ihren ersten Schritten im Puppenspiel sicher fühlen können, benötigen Sie vermutlich ein relativ hohes Maß an Kontrolle über das Spielgeschehen. Dann ist es sehr hilfreich, wenn das Spiel auf einem gut befestigten Weg verläuft. Doch je mehr Erfahrung Sie mit der Zeit gewinnen, desto besser werden Sie die Landschaften kennen lernen, in die Sie Ihre Phantasie führt, und desto eher können Sie es wagen, Wege einzuschlagen, die weniger gut befestigt sind oder deren Ausgang Ihnen noch unbekannt ist. Auf diese Weise schaffen Sie sich Möglichkeiten, Ihre Fähigkeiten zur Improvisation auszubauen und sich dabei mit dem eigenen Spiel und den eigenen spontanen Einfällen selbst zu überraschen. Wunderschöne Momente und Spielsequenzen können dabei entstehen, die niemals zustande gekommen wären, wenn Sie nach einem Plan vorgegangen wären. Und je mehr Sie sich im Improvisieren üben, desto präsenter und mutiger wird Ihr Spiel, desto mehr Freude wird es Ihnen bereiten und desto freier werden Sie. Das Abenteuer, ohne ausgefeilten Plan vorzugehen, trägt große Verheißungen in sich.

Einfälle zulassen

Einfälle sind kinderleicht. Sie bestehen aus Luft und Farben, vielleicht sogar aus Gerüchen und Klängen. Sie sind das Ergebnis von Zufall und Gedankenspiel und entstehen in einem eigenartigen Gemisch aus Möglichkeit und Unmöglichkeit. Obwohl sie die Realität ständig verändern, ist diese ihnen doch immer zu wenig. Sie sind Geschenke des Himmels (deswegen heißen sie auch Einfälle, weil sie von oben ein-fallen), sie nähren die Phantasie und die Träume. Doch wenn sie nicht beachtet werden, verfliegen sie und lösen sich auf wie die Bilder in den Wolken.

Es ist kinderleicht, Einfälle zu haben. Aber sie zu beachten, sie wertzuschätzen, sie anderen mitzuteilen und vor allem: ihnen spontan zu folgen – das ist schwierig. Das ist insbesondere in einer Kultur schwierig, die mit den allerbesten Vorsätzen ihren Kindern abgewöhnt, Einfälle zu haben, spontan zu sein und ihrer Phantasie nachzugehen, aus Angst, dass sich die Kinder sonst später einmal nicht in der Wirklichkeit zurechtfinden könnten.

Wenn Menschen von sich sagen, dass sie keine Einfälle haben, bedeutet das meist, dass sie ihnen nicht trauen oder nicht gewohnt sind, auf sie zu achten:

Ein Mädchen kommt auf die Puppe zu und sagt: *„Ich finde Puppen blöd!"* Die Spielerin ist unsicher, wie sie darauf reagieren soll. Folgende Einfälle können ihr dabei blitzschnell durch den Kopf purzeln:

Idee Nr. 1: Die Puppe könnte dem Mädchen die Zunge rausstrecken und sagen: *„Bäh, bäh, bäh – ich finde Menschen auch doof!"*

- Einwand Nr. 1: *Nein, das geht nicht, das wäre zu unfreundlich!*

Idee Nr. 2: Die Puppe könnte anfangen, laut zu heulen, weil das Mädchen so gemein zu ihr ist.

- Einwand Nr. 2: *Das könnte total peinlich und übertrieben wirken! Lieber nicht!*

Idee Nr. 3: Die Puppe könnte zu Gott beten, dass sie niemand mehr blöde findet und alle Menschen sie nur noch mögen und lieb haben.

- Einwand Nr. 3: *Ich kann doch kein Stück spielen, in dem Gott vorkommt! Was sollen die Leute denn dann denken: dass ich eine religiöse Fanatikerin bin?*

Weil ihr die drei Ideen zu unheimlich und zu verrückt erscheinen, geht die Spielerin lieber auf Nummer Sicher, indem sie ihre Puppe sagen lässt: *„Och, das ist ja schade! Aber na ja, ich muss jetzt eh los, ich muss noch mein Zimmer aufräumen …"*

Auf diese Weise endet das Spiel schon nach einer Minute, ohne dass es zur Freude aller aufblühen konnte. Es kann gut sein, dass die Spielerin nun von sich denkt, dass sie nicht einfallsreich genug war – dabei waren die drei Ideen, die sie sich nicht erlaubte, allesamt sehr schön und trugen vielversprechende Spielmöglichkeiten in sich:

- Zu Einwand Nr. 1: Natürlich wäre es unfreundlich gewesen, die Puppe die Zunge rausstrecken zu lassen, aber die Puppe darf ja auch mal ein bisschen unfreundlich sein (und abgesehen davon hat das Mädchen ja mit den Unfreundlichkeiten angefangen …). Und falls die Puppe ihre Unfreundlichkeit übertreiben sollte, kann sie sich dafür ja entschuldigen, und auch daraus kann eine schöne Spielsequenz entstehen.
- Zu Einwand Nr. 2: Eine laut herumheulende Puppe hätte das Mädchen vermutlich ebenso verblüfft und es hätte der Spielerin viel Spaß machen können, die eigene Puppe einmal so richtig heulen zu lassen. Die Puppe hätte ihren Rotz dann vielleicht an dem Pullover des Mädchens abgewischt und sich schließlich von ihr trösten lassen.
- Zu Einwand Nr. 3: Das Gebet zu Gott hätte wunderbar verrückt werden können, wenn die Puppe im Stillen auf einmal hört, wie Gott antwortet: *„Was meinst du? … nur Hausmeister??? … Mich lieben nur Hausmeister??? Ach deshalb grüßt Herr Lottermoser immer so freundlich … das ist ja toll … ich meine, er sieht ja auch nicht schlecht aus – all die Muskeln und dieser schicke, blaue Kittel. Und er weiß wenigstens, wie man Waschmaschinen repariert, wie Motorsägen funktionieren und all so was …"*

Das Problem ist, dass Sie beim Improvisieren keine Zeit haben, die eigenen Ideen in Ruhe zu Ende zu bedenken und einen Plan zu entwickeln. Wenn es schnell geht, gibt es keine andere Möglichkeit, als spontan zu reagieren und mutig und beherzt einen Schritt ins Ungewisse zu machen.

Dabei stehen Sie mitten im Spielgeschehen immer wieder vor der Herausforderung und dem Abenteuer, Ihre Sicherheiten zu verlassen und Ihren Einfällen und Ideen zu folgen, die Sie auf unbekanntes Gelände führen. Haben Sie keine Angst. Vertrauen Sie Ihren Ideen und gönnen Sie Ihrem Spiel im Zweifelsfall etwas Verrücktheit und Wahnsinn. Wenn alles schief gehen sollte, kann ja schließlich immer noch die Puppe die Verantwortung für das verkorkste Spiel übernehmen (→ *Verantwortung abgeben und Spielfreiheit entfalten*, S. 61). Dann schämt sie sich ggf. so schrecklich und übernimmt so übertrieben alle Selbstvorwürfe, mit denen Sie sich sonst vielleicht herumquälen würden *(„Ich hätte hier nicht zu Gott beten sollen, Beten ist schließlich eine private Herzensangelegenheit … Ich weiß das doch eigentlich, dass es immer nur Kuddelmuddel gibt, wenn ich zu Gott bete und jemand zuhört … Wie konnte ich nur … weiaweia … da bin ich auch selber Schuld jetzt! Herr Lottermoser wird mir das nie verzeihen …")*, dass dabei ein neues Spiel entsteht.

Vertrauen Sie Ihren Ideen, auch wenn Sie nicht überblicken, wohin sie Sie führen werden.

Probieren sie es einfach aus. Springen Sie über die Klippe, und sehen Sie nach, was dann geschieht. Wie sagt Sorbas, der Grieche, in dem Film *Alexis Sorbas* von Nikos Kazantzakis doch gleich?

„Man braucht etwas Wahnsinn.
Sonst ist man nicht mutig genug,
die Fesseln durchzuschneiden
und wirklich frei zu sein."

Geschichten erfinden

Die Puppe eignet sich hervorragend dazu, Geschichten zu erfinden. Folgende Überlegungen und Tipps können dabei helfen, sich beim Erzählen nicht zu verzetteln. Dieses Kapitel verdankt etliche Anstöße der Arbeit von Keith Johnstone, der als Theaterpädagoge die Struktur von Geschichten untersucht, um sie für das Improvisationstheater nutzbar zu machen (vgl. Johnstone, 2002, S. 185–222 und 1998, S. 112–157).

- Am besten erzählt die Puppe Geschichten in der Ich-Form. Alternativ dazu kann sie von den Erlebnissen ihrer Verwandten oder guter Freunde erzählen. Je enger die Puppe den Hauptpersonen der Geschichte verbunden ist, umso glaubwürdiger wirkt sie in den Augen der Kinder.
- Es empfiehlt sich, die Geschichte an einem Ort stattfinden oder zu einem Ort führen zu lassen, der geheimnisvoll oder unübersichtlich ist und deswegen zum Erzählen besonders inspiriert: Ein Dachboden oder ein Keller, eine Höhle, eine Burgruine oder ein Geheimzimmer. Eine besonders gute Kulisse stellt der Wald dar, zumal ein Großteil aller Märchen im Wald spielt (→ Bettelheim, 1980, S. 109). An diesem Ort kann die Geschichte auch wieder enden.
- Geben Sie der Hauptperson, also dem Helden oder der Heldin Ihrer Geschichte, einen Gegenstand mit auf den Weg, bevor er oder sie ins Abenteuer loszieht. Das kann die silberne Flöte vom Großvater, ein Buntstift oder ein Hustenbonbon sein. Statt des Gegenstandes können Sie ihn oder sie auch mit einer besonderen Eigenschaft ausrüsten, z. B. kann er oder sie besonders gut im Dunkeln sehen oder die langweiligsten Witze der Welt erzählen. Wenn die Hauptperson im Verlauf der Geschichte in Schwierigkeiten geraten sollte, kann sie dieser Gegenstand bzw. diese Eigenschaft dann retten (der Drache tanzt nach den Flötenklängen der Silberflöte oder wird durch die schrecklichen Witze eingeschläfert und das Hustenbonbon befreit ein ganzes Ameisenvolk von einer Grippe-Epidemie, weshalb die Ameisenkönigin aus Dankbarkeit verrät,

wo der Schatz nun wirklich versteckt ist …).

- Lassen Sie Ihre Geschichte zunächst ganz banal und alltäglich beginnen, indem Sie mit einer Situation anfangen, die jeder kennt, z. B. einem Picknick, einem Spaziergang oder einer Aufräumaktion. Sobald diese Normalität installiert ist, können Sie etwas geschehen lassen, durch das die Geschichte die Realität verlässt. Johnstone nennt diesen Prozess „die Geschichte kippen lassen" (vgl. Johnstone, 1998, S. 141 f): Ein Tier beginnt zu sprechen, ein Zwerg mit einer winzigen goldenen Krone taucht auf oder eine Nacktschnecke bittet die Puppe, ihr einen Bademantel auszuleihen.

Setzen Sie beim Erzählen ruhig Elemente aus bekannten Geschichten und Märchen ein. Sie müssen das Rad nicht neu erfinden.

- Lassen Sie den Helden in Schwierigkeiten geraten und leiden, denn Leiden zu ertragen und Abenteuer und Gefahren zu bestehen, macht ja gerade einen Helden aus. Wann immer die Geschichte droht, langweilig zu werden, können Sie seine Probleme und Schwierigkeiten vergrößern (vgl. Johnstone, 1998, S. 113f).
- Achten Sie darauf, die Gefühle der handelnden Personen ausführlich auszudrücken und zu kommentieren. Die Geschichte wird nicht dadurch glaubhaft, dass sie von realistischen Ereignissen erzählt, sondern indem Sie die Gefühle, die der Held beim Erleben seiner unglaublichen Abenteuer hat, überzeugend erzählen bzw. nachspielen.
- Erlauben Sie es sich, Elemente in Ihre Geschichten einfließen zu lassen, die Ihnen in anderen Geschichten und Märchen schon einmal begegnet sind. Sie müssen das Rad nicht neu erfinden …

Mit Kindern Geschichten erfinden

„… und mitten im Wald stolperte ich über einen, äh … also so einen Dings … einen … na ihr wisst schon!"

Eine leidenschaftliche Erzählerin …

„Einen Ast?"
„Genau! Die liegen da ja überall rum, diese Äste. Ich stolperte jedenfalls und – peng! – lag ich auf der Nase! Und das war mein Glück! Denn ratet mal, was da zwischen den Blättern vor meiner Nase lag?"
„Keine Ahnung – noch ein Ast?"
„Nein!"
„Ein Messer?"
„Nein, kein Messer, obwohl das auch sehr schön gewesen wäre."
„Ein Schlüssel?"
„Ja! Ein winzig kleiner goldener Schlüssel! – Da habe ich erst mal gestaunt: Was macht denn so ein winzig kleiner Schlüssel mitten im Wald? Und dann habe ich ihn einfach in meine Tasche gesteckt und bin weitergegangen. Ich war noch nicht lange unterwegs, da höre ich auf einmal jemanden weinen. Mitten in einem alten Astloch saß ein äh, ein …"
„Ein Kobold?"
„Genau! Das saß ein kleiner Kobold und weinte …"

Ohne größere Schwierigkeiten können Sie Kinder dazu bringen, eine Geschichte mitzugestalten. Dazu lassen Sie die Puppe einfach einen Satz beginnen, der bis zu einem unbestimmten Artikel führt und dann mit einem „Äh …" endet. Am Anfang tun sich die Kinder oft noch schwer, Vorschläge zu liefern, weil sie es sich nicht zutrauen, den richtigen Begriff beisteuern zu können. Dann ist es gut, wenn Sie die Puppe ein wenig nachhaken lassen: *„Na … ihr wisst doch, so ein äh …"* Aber lassen Sie die Kinder ganz frei, sich einen Begriff auszudenken. Wenn die Puppe den Kindern erzählt, dass sie im Zoo einen Dings getroffen hat, *„ … einen … äh … also diese großen Kerle, die so gerne Honig mögen und ein braunes Fell haben …"*, dann fördert sie schon nicht mehr ihre Phantasie, und die Geschichte reduziert sich auf ein einfaches Begriffe-Raten-Spiel.
Lassen Sie sich jedoch auf keine Begriffe ein, die Sie nicht inspirieren. Es ist ggf. besser, einen Begriff freundlich abzulehnen, als verkrampft eine Geschichte zusammenschustern zu müssen (vgl. Johnstone, 1998, S. 84f.).

Den Ansprüchen der Kinder genügen

Wenn Sie es wagen, eine eigene Geschichte zu erfinden oder mit Kindern gemeinsam Geschichten entstehen zu lassen, werden Sie ganz unterschiedliche Resultate erhalten. Manchmal entstehen auf diese Weise Geschichten, die Sie sich unbedingt aufschreiben sollten, weil sie so schön sind. Wenn Sie über andere Geschichten aber einmal weniger glücklich sein sollten, ist es wichtig, darauf zu achten, wessen Ansprüchen Sie beim Erzählen genügen möchten. Es kann gut sein, dass die Kinder mit derselben Geschichte ganz und gar zufrieden und glücklich sind, von der Sie selbst enttäuscht sind. Immerhin haben die Kinder nicht nur eine Geschichte bekommen (bei der sie vielleicht sogar selbst mitgemacht haben) – sie haben auch Ihre Puppe erleben dürfen. Wenn Sie die Kinder mit Ihrem Spiel und Ihrer Geschichte erfreut und glücklich gemacht haben, ist das Wichtigste erreicht. Und vielleicht gelingt es Ihnen dann ja beim nächsten Mal wieder, so zu spielen, dass es auch Sie selbst erfreut.

„Und mitten im Wald stolperte ich über einen Ast …"

Susi und Alfons mischen mit – neun Beispiele für pädagogisch motivierte Spielsequenzen

Susi erzählt eine Geschichte – die Phantasie der Kinder anregen

Susi soll eine Geschichte erzählen. Weil sie sich gerade keine neue Geschichte einfallen lassen möchte, erzählt sie einfach eine, die sie bereits kennt:

„... und je weiter der Junge ging, desto dunkler wurde der Wald. Die Bäume waren alt und riesig und ihre Äste knarrten im Wind ...“ Susi hebt ihre Hand und bewegt sie wie einen im Wind schwankenden Ast. „Knäarrrz, knärrr ... auf einmal stieß der Junge auf eine riesige Eiche, die bestimmt schon viele Hundert Jahre alt war. So einen großen Baum hatte er noch nie gesehen, und deshalb stand er erst einmal nur da und staunte und staunte.“

Susi blickt mit offenem Mund nach oben und spielt das Staunen des Jungen mit einem lang gezogenen „boooah“ nach. „Ich glaube, der stand da bestimmt zehn Minuten lang und staunte einfach nur, und er hätte sicher noch eine ganze Stunde weitergestaunt, wenn nicht ... ja wenn er nicht plötzlich etwas gehört hätte ...“ Susi wird ganz still, hält den Finger vor den Mund, alle Kinder lauschen. „Ssst ... Da war so ein Geräusch zu hören, so ein winzig kleines Geräusch. Der Wind hatte nachgelassen und deshalb knarrten die Äste auch nicht mehr so laut. Pst!“ Susi legt ihre Hand ans Ohr. „Da war es wieder – eine Stimme, eine ganz leise Stimme, die irgendwo aus der Ferne rief. Es klang, als ob irgendjemand aus einem Keller rufen würde ... Die Stimme war ganz tief und dunkel.“ Susi senkt ihre Stimme und flüstert: „Lass mich raus ... lass mich raus ...“

Wenn Sie die Puppe eine Geschichte erzählen lassen, die Sie bereits kennen, hat das den Vorteil, dass Sie schon im Vorfeld wissen, was Sie erzählen werden. Dann können Sie während des Erzählens Ihre ganze Aufmerksamkeit darauf verwenden, die Geschichte in aller Ruhe auszuschmücken oder zu variieren. Die Erzählung wird besonders ausdrucksstark, wenn die Puppe Einzelheiten und Sinneseindrücke beschreibt. So kann sie z. B. erzählen, wie hell ein Edelstein funkelt, so dass man noch in 1000 Metern Entfernung von ihm geblendet wird, wie wunderbar herrlich die Suppe der bösen Hexe duftet oder wie furchtbar schrecklich das alte Hemd des Räubers stinkt. Außerdem kann die Puppe Handlungen, die in der Geschichte vorkommen, pantomimisch nachspielen und die Geräusche, die diese Handlungen begleiten, imitieren oder sogar die Kinder auffordern, diese Geräusche nachzumachen. Geschichten zu erzählen gehört zu den be-

„... und genau das hat der Junge auch gedacht.“

sonderen Spezialitäten der großen Puppen, und es passt zu ihnen, wenn diese Geschichten phantastisch, übertrieben und märchenhaft sind, denn das sind sie in gewisser Weise ja selbst.

Wenn die Puppe Geschichten erzählt oder erfindet, geht es nicht darum, die Realität möglichst genau widerzuspiegeln oder einen Tatsachenbericht abzuliefern. Die Geschichte muss auch kein Wissen vermitteln. Es darf einmal allein darum gehen, die Phantasie der Kinder, der ja schon oft genug Zügel angelegt werden, zu beflügeln. Dazu ist es gut, wenn die Geschichte großzügig mit Bildern, Übertreibungen, Überraschungen und Verrücktheiten umgeht (➜ *Geschichten erfinden*, S. 72 f.). Die Kinder sollen erleben, wie eine Erzählung in ihnen Bilder wachrufen und Gefühle wecken kann. Wenn dabei märchenhafte Elemente verwoben werden, können die Kinder zusätzlich dazu erfahren, wie Kleine Große überlisten, wie Mut und Einfallsreichtum belohnt werden, wie Abenteuer und Gefahren ein gutes Ende nehmen, wie sich Hässliches in Wunderschönes verwandelt und das Wunderbare im Alltäglichen verborgen liegt (vgl. Bettelheim, *Kinder brauchen Märchen*, 1980). Auf diese Weise kann sich die Geschichte tröstend, ermutigend und inspirierend an die Herzen und Seelen der Kinder wenden.

Alfons hört zu und macht mit – das Spiel mit dem einzelnen Kind

Es ist Samstagabend. Die achtjährige Tina ist bei ihrer Patentante zu Besuch. Sie waren den ganzen Tag unterwegs und nun kehrt etwas Ruhe ein, bevor Tina sich bettfertig macht. Die Tante holt Alfons hervor, den Tina schon bei ihrem letzten Besuch kennen gelernt hat.

„Hallo Tina!" Alfons hält Tina die Hand hin, die Tina schüttelt.

„Oh, hallo Alfons! Weißt du was, Alfons? Wir waren heute im Zoo!"

„Ehrlich?"

„Ja, und stell dir vor, die Giraffen haben Babys gekriegt – die waren vielleicht niedlich …"

Alfons staunt mit offenen Mund: „Oh …"

Tina erzählt nun von den anderen Tieren, die sie gesehen haben, vom Picknick und der Rückfahrt im Zug. Als sie zum Ende gekommen ist, freut sich Alfons: „Ach toll. Dann hattest du ja so einen richtig schönen Tag!"

„Ja. Und jetzt muss ich bald ins Bett."

„Na, dann wünsche ich dir, dass du richtig gut schläfst und was ganz Schönes träumst."

„Ja, das ist dann das zweite Mal ohne Mama und Papa."

„Echt?"

„Ja."

„Toll! Du bist echt mutig!"

„Hm …" Tina sieht aber nicht ganz so mutig, sondern eher etwas traurig und unsicher aus.

„Weißt du, was? Wenn du willst, dann könnte ich heute Nacht bei dir schlafen. Das wäre mal etwas anderes, als wenn ich immer auf dem Sofa schlafe. Und ich schnarche auch nicht!"

Tina freut sich: „Au ja."

„Aber wo könnte ich denn dann schlafen, ich meine, ich brauche schon auch ein eigenes Bettchen …"

„Wir könnten ja die alte Kiste vom Balkon holen, in der die Blumentöpfe stehen!"

„Au ja, aber dann musst du sie erst noch saubermachen!"

Und Tina und Alfons ziehen los, um alles für die Nacht vorzubereiten …

Wenn die Puppe nur für ein einziges Kind gespielt wird, kann sich die Spielerin oder der Spieler ganz und gar auf das Kind einlassen. Es ist nun nicht nötig, besonders faszinierend zu spielen, um die Aufmerksamkeit einer ganzen Gruppe zu binden. In dieser Situation kann die Puppe die eigenen Spielimpulse reduzieren und den Ideen des Kindes folgen oder seinen Geschichten und Erlebnissen zuhören. Das Spiel kann so zu einer Begegnung zwischen zwei Freunden werden (➜ *Die Puppe als Freund*, S. 8 f.).

Im Spiel können Nähe und Zärtlichkeit zugelassen werden.

Ihre Puppe kann in einer solchen Situation auch Nähe und Zärtlichkeit anbieten. Das ist am ehesten möglich, wenn das Kind in einer ruhigen Stimmung ist. Ihre Aufgabe ist es dann, diese Ruhe aufzugreifen und noch einmal zu vergrößern. Es geht nun nicht mehr darum, etwas zu unternehmen oder sich zu unterhalten. Es geht hauptsächlich darum, zusammen zu sein und die Stille und die Gegenwart des anderen genießen zu können. Etwa so, wie wenn Sie mit einem guten Freund zusammen sind und still in ein Kaminfeuer blicken …

„Tina?“
„Ja, Alfons …“
„Darf ich mal auf deinen Schoß?“
„Klar, komm her.“
Alfons rutscht rüber auf Tinas Schoß. Stille. Alfons seufzt.
„Manchmal sitze ich nämlich ganz gerne bei jemandem auf dem Schoß. Am Schönsten ist es, wenn es dann ganz still ist, da kann ich immer so gut rumträumen und mal gar nichts machen … Magst du das auch?“
„Nur manchmal.“
„Abends?“
„Ja. Dann kuschele ich manchmal mit Mama.“
„Ja. Und jetzt kuschele ich mal ein bisschen bei dir – darf ich das?“
Tina nickt.
Wenn die Gefahr besteht, dass Tina die Stille zu viel werden könnte, gibt Alfons ihr eine kleine Aufgabe: „Hättest du Lust, mir meine Schulter ein wenig zu massieren? Die tut ein bisschen weh …“
Dann seufzt er wieder und beide schweigen, und vielleicht entsteht etwas später ein leises, inniges Gespräch …

Susi lässt sich was gefallen – das Spiel mit Kindern unter zwei Jahren

Silas ist bald ein Jahr alt. Er kann schon laufen, ist aber noch nicht ganz so groß wie Susi. Als Susi ihm zum ersten Mal begegnete, hatte Silas zunächst noch Angst vor ihr, so dass das Spiel nur ganz vorsichtig gestaltet werden konnte (vgl. *Kalle ist behutsam – wenn Kinder Angst haben,* S. 91). *Mittlerweile ist ihm die Puppe aber vertraut und er ist mutiger geworden. Kurz vor dem Zubettbringen holt sein Vater sie noch einmal hervor.*
Susi blickt um die Sofaecke:
„Ohhh …“
Silas sieht sie, quietscht vor Vergnügen auf, greift mit seinen Hände in ihr Haar und drückt die Puppe fest an sich heran.
„Umpfhhmnnglmpf …“, jappst Susi leicht erstickt.
Nun hat Silas ihre Nase entdeckt und steckt sie in seinen Mund. Susi lässt ihn gewähren, wackelt aber etwas mit ihrem Kopf, um das Schmusen ein bisschen zu beleben. Schließlich hat Silas genug von der Nase. Er wendet sich den Augen der Puppe zu und berührt sie mit seinen Fingern. „Autsch!“, sagt Susi und zuckt etwas zurück, aber ihr Tonfall signalisiert Verspieltheit. Silas gluckst, und Susi kommt ihm mit ihrem Gesicht wieder näher. Und wieder fasst Silas ihr ins Auge, und wieder ruft Susi „Autsch!“ und zieht ihren Kopf zurück. Silas kichert los, und die beiden spielen eine weitere Runde Augenpieksen und „Autsch!“-Rufen …

„Guckuck!“

Für Kinder unter zwei Jahren gelten im Spiel besondere Regeln. Oberstes Ziel ist es, dass sie nicht weinen, die Puppe also angstfrei erleben. Wenn Sie das erreichen, haben Sie alles gewonnen, was es zu gewinnen gibt.
In diesem Alter genießen die Kinder im Umgang mit der Puppe auch eine besondere Narrenfreiheit. Darauf zu bestehen, dass sie die Puppe vorsichtig und achtsam behandeln (➜ *Jule sagt nein – Kindern Grenzen setzen,* S. 95 f.) macht hier wenig Sinn. Kleinkinder können es einfach nicht lassen, der Puppe in die Augen oder den Mund zu fassen und manchmal macht genau das ihre Freude an der Puppe aus: dass sie endlich jemandem in aller Ruhe und nach Herzenslust in Augen und Mund fassen können.

Komplexere Spielsequenzen (insbesondere solche, in denen viel Sprache benutzt wird) verbieten sich von selbst. Stattdessen können Sie kleine Routinen entwickeln, die je nachdem, wie das Kind auf die Puppe reagiert, variiert und gesteigert werden. Je begeisterter das Kind auf die Puppe reagiert, desto wilder darf das Spiel dabei werden:

- Die Puppe versteckt sich unter einer Decke, und das Kind muss sie suchen. Sobald sie entdeckt wird, ruft sie „buh!" und kitzelt das Kind durch.
- Die Puppe schnüffelt begeistert am Fuß des Kindes. Schließlich schnuppert sie das ganze Kind hingebungsvoll ab und muss aber immer niesen, wenn sie an der Hand des Kindes schnuppert.
- Die Puppe knurrt oder grunzt ein bisschen und schnappt mit ihrem Mund plötzlich nach den Fingern des Kindes.

Susi muss reagieren – der Umgang mit Fragen und Einwürfen der Kinder

Gestern hat Susi mit einem Kind, das erst ganz spät von seiner Mutter abgeholt wurde, noch ein Bild gemalt. Heute wollen auf einmal alle anderen Kinder auch ein Bild gemalt bekommen und bestürmen die Puppe, so dass sie Schwierigkeiten hat, die kleine Geschichte zu erzählen, die als Einleitung zu den vier Jahreszeiten dienen soll.

„Susi, ich will auch so ein Bild haben wie Tobi!"

„Ich auch!"

„Ich auch!"

Susi hebt abwehrend die Hand. „Oh, Kinder, nicht alle durcheinander!

„... aber ich kriege doch auch ein Bild, oder?"

„Nein, das geht nicht ...." Susi kratzt sich am Kopf, während ihre Spielerin fieberhaft nach einem Grund sucht, warum es nicht geht. Sie will bei ihrer Spielidee bleiben und auf keinen Fall für 24 Kinder Bilder malen, weil das viel zu lange dauern und vermutlich ins Chaos führen würde. Zum Glück fällt ihr etwas ein: „Gestern hatte ich gerade wildes Malfieber – ich musste einfach malen und malen und malen ... bis zum Abendbrot! Aber jetzt ist das Malfieber vorbei und in meinen Fingern steckt kein einziges kleines Bild mehr. Die habe ich alle rausgemalt ..."

„Oh ...!"

„Das ist ungerecht!"

„Och, ich weiß nicht ... manchmal habe ich halt Malfieber und manchmal nicht."

„Aber dann schenke uns doch eins von den anderen Bildern, die du gemalt hast!"

„So, jetzt ist aber langsam genug hier! Ich bin doch nicht extra hergekommen, um mit euch über mein Malfieber zu reden! – Nee, ich wollte euch nämlich etwas zeigen ..."

Susi kramt in ihrer Tasche und holt eine kleine Schneekugel mit einem Schneemann hervor, die sie den Kindern zeigt.

„Ohhh ..."

„Ist er nicht schön? Ich habe ihn gestern beim Aufräumen gefunden. Und jetzt habe ich total Lust, mal wieder einen Schneemann zu bauen ..."

„Aber Susi, es ist doch Sommer!"

...

In vielen Theaterformen findet sich zwischen Bühne und Publikum eine unsichtbare Wand, die das Publikum daran hindert, direkten Kontakt mit den Schauspielern aufzunehmen. Die Schauspieler sollen auf der Bühne spielen und das Publikum soll auf seinen Plätzen zusehen. Beide Welten bleiben voneinander getrennt.

Im Puppentheater (wie im Kindertheater) herrscht häufig ein anderer Umgang mit dem Publikum: Die Trennwand zwischen der Bühne und den Kindern fehlt, und so können beide Seiten in einen Dialog miteinander treten. Die Kinder werden aufgefordert, direkt auf das Geschehen einzuwirken, und oft kommen ihnen dabei die entscheidenden Aufgaben zu: Sie müssen dem Helden verraten, wo der Schatz versteckt ist, ihn vor der Falle des Räubers warnen, den Drachen durch ihren Gesang einschläfern oder den Zauberspruch vorsagen, der die Prinzessin wieder zurückverwandelt.

Doch auch ohne dass die Puppe die Kinder dazu extra auffordert, mit ihr in Kontakt zu treten, können sich die Kinder ins Spielgeschehen einmischen, indem sie Fragen stellen, Vorschläge einbringen, die Puppe um etwas bitten, ihr Anweisungen geben oder einfach nur aussprechen, was sie gerade denken *(„Das Kleid der Puppe hat ja einen Fleck …“)*. Die Begeisterung, mit der Kinder auf diese Art am Spiel teilnehmen, ist oft großartig.

Wenn Sie nur vor einem oder zwei Kindern spielen, können Sie sich alle Zeit der Welt nehmen, um auf die Themen und Fragen der Kinder einzugehen. Spielen Sie jedoch vor zwanzig Kindern, von denen die Hälfte eine Frage an die Puppe hat oder ihr etwas erzählen möchte, sieht die Situation wesentlich anders aus: Wenn die Puppe nun auf alle Impulse der Kinder eingeht, besteht die Gefahr, dass sich das Gespräch in die Länge zieht und zerfasert, das Spiel seine Spannung und das Publikum seine Aufmerksamkeit verliert. In diesem Fall kommt es deshalb darauf an, die Impulse der Kinder zu begrenzen und aus ihren Einwürfen und Fragen diejenigen herauszufiltern, die das Spiel am meisten unterstützen. Wenn die Kinder intensiv auf das Spiel reagieren, ist das kein leichtes Unterfangen. Doch je häufiger Sie Ihre Puppe spielen, desto eher werden Sie in der Lage sein, sich während des Spiels zu entspannen, und je entspannter Sie sind, desto besser können Sie die Kinder und ihre Reaktionen wahrnehmen.

Folgende Überlegungen helfen Ihnen dabei, den Dialog der Puppe mit den Kindern zu gestalten:

- Kinder treten mit der Puppe vor allem dann in Kontakt, wenn sie von ihr einen Impuls dazu bekommen. Das kann eine Begrüßung, eine Frage oder die Aufforderung sein, etwas zu tun. Aber auch sehr kleine und stumme Impulse wie ein Blickkontakt, eine Geste oder ein kurzer Moment des Zögerns können die Kinder bereits dazu einladen, ins Spiel mit der Puppe zu treten. Es kann aber auch vorkommen, dass sich die Kinder durch Fragen und Einwürfe an dem Spiel beteiligen wollen, ohne dass sie direkt oder indirekt dazu aufgefordert worden sind. Das geschieht vor allem dann, wenn das Spiel nicht genug Spannung aufweist bzw. die Handlung ins Stocken geraten ist. In dieser Situation verspüren Kinder, die das Spiel zuvor noch gespannt als Zuschauer verfolgten, den Reiz mitzuspielen, um selbst für mehr Dynamik im Spiel zu sorgen. Dadurch kann es schnell geschehen, dass die Puppe die Kontrolle über das Spiel verliert und nur noch reagiert, anstatt zu agieren. Mit etwas Glück können dabei sehr faszinierende Spielsequenzen entstehen, die umso schöner sind, weil die Kinder sie so maßgeblich gestalten. Im ungünstigen Fall verliert das Spiel jedoch noch mehr an Spannung. Dann ist es wichtig, dass die Puppe wieder den aktiven Part übernimmt, die Einwürfe der Kinder stoppt *(„Also jetzt habe ich erst mal genug geantwortet. Ich bin ja schon ganz wirr im Kopf von euren vielen Fragen …“ – „Na, Paul, nun musst du aber auch mal ein bisschen leise sein, sonst kann ich euch überhaupt nicht erzählen, was bei mir gestern alles los war …“)* und zu dem eigentlichen Thema des Spiels kommt *(„Was ich euch heute nämlich unbedingt zeigen wollte, ist …“*; ➜ *Den Spielverlauf planen*, S. 46 f.).
- Es lohnt sich, den Fragen der Kinder besondere Aufmerksamkeit zu schenken, denn an ihnen wird deutlich, wo die Kinder stehen und was sie bewegt. Weil sie das Spiel vorantreiben und intensivieren können, sind vor allem die Fragen wichtig, hinter denen eine besondere Leidenschaft der Kinder spürbar ist oder die Sie als Spielerin oder Spieler inspirieren. Alle anderen Fragen können ggf. außer Acht gelassen werden. Eventuell sind einzelne Kinder etwas traurig, weil sie von der Puppe nicht gehört werden, aber wenn das Spiel interessant weitergeht, überwinden sie diesen Schmerz schnell. Und falls ihnen ihr Anliegen sehr wichtig sein sollte, werden sie es wiederholen. Achten Sie deshalb darauf, wenn Kinder ihre Frage ein drittes Mal stellen: Sie brauchen dann die Antwort der Puppe, bevor sie dem weiteren Spielgeschehen wieder folgen können.

- Es kann vorkommen, dass die Kinder der Puppe Fragen stellen, auf die Sie keine Antwort wissen oder auf die Sie nicht antworten möchten. Wenn es sich nicht gerade um eine Herzensangelegenheit der Kinder handelt, die ernst genommen werden muss, kann sich die Puppe um die Antwort drücken, indem sie einfach vom Thema ablenkt. Bei anderen Gelegenheiten gesteht die Puppe aber auch ein, dass sie selbst keine Ahnung hat (*„Also ehrlich gesagt, weiß ich das auch nicht so genau, warum mir immer so viel Quatsch einfällt. Darüber habe ich so noch nie nachgedacht, weißt du?“*) oder sie hat einfach ein Geheimnis, das sie nicht preisgeben möchte (*„Ja, das verstehe ich schon, dass du das gerne wissen möchtest. Aber ich habe meinem Meerschweinchen extra versprochen, niemandem davon zu erzählen, und versprochen ist versprochen …“*).

Alfons will es wissen – mit Fragen Impulse geben

Alfons blickt auf den Boden. Er sieht die Kinder gar nicht. Stattdessen hält er seine Hand vor den Mund und streicht sich mit dem Zeigefinger langsam und nachdenklich über die Oberlippe. Ab und zu seufzt er tief. Dann legt er seine Hand auf sein Bein, schüttelt langsam den Kopf und murmelt vor sich hin: „Also so was Blödes, so was Blödes …“ Schließlich blickt er auf und bemerkt die Kinder: „Also, ich muss euch unbedingt erzählen, was mir Blödes passiert ist. Da leihe ich mir einmal in meinem ganzen Leben etwas von der ordentlichen Tina und schon geht es kaputt … Auweia …“ Alfons seufzt.

„Was hast du dir denn geliehen?“

„Ach, Tina hat so einen schicken Füller zum Geburtstag bekommen, einen, der sogar in Goldschrift schreibt! Erst wollte sie ihn mir gar nicht ausleihen, aber dann habe ich so lange genörgelt, bis sie ihn mir gegeben hat. Und jetzt ist der dumme Füller einfach kaputtgegangen, nur weil ich mit dem Roller darüber gefahren bin – blöd, blöd, blöd!“ Pause. Dann seufzt Alfons wieder. „Dabei sollte ich ihn bis zum Abendbrot unbedingt wieder zurückbringen.“ Pause. Er beißt sich auf zwei Finger: „Jetzt weiß ich überhaupt nicht, was ich machen soll! – Habt ihr eine Idee …?“

Wenn die Puppe um Rat oder nach Informationen fragt, können die Kinder zu Beratenden oder Lehrenden werden, was ihr Selbstbewusstsein wachsen lässt und ihnen oft viel Freude bereitet. Je dringender die Puppe eine Idee oder eine Antwort benötigt, umso engagierter werden die Kinder mitdenken und Lösungsvorschläge entwickeln.

Kinder genießen es, der Puppe etwas zu erklären.

Es lohnt sich darauf zu achten, welche Fragen die Puppe den Kindern stellt. Dabei gilt:

- Gute Fragen regen zum Nachdenken an.
- Hervorragende Fragen führen auf Forschungsreisen.
- Schlechte Fragen lenken ab.

Die Art und Weise, wie die Puppe ihre Fragen stellt, kann für den Verlauf des Gespräches so entscheidend sein, dass es sich lohnt, die Fragen vor dem Spiel zu formulieren und zu ordnen.

Wenn die Puppe Fragen stellt, welche die Kinder nicht beantworten können, kann sie ihre Spielerin oder ihren Spieler fragen. Dann ist diese bzw. dieser gefordert, die unsichtbare Position im Hintergrund zu verlassen und in den Dialog mit der Puppe zu treten (→ *Die Puppe im Dialog mit der Spielerin / dem Spieler*, S. 42 f.).

„Und wie heißt die Telefonnummer der Feuerwehr?"
Um sicherzustellen, dass Kinder etwas gelernt haben, wird häufig mit Kontrollfragen gearbeitet. Indem die Kinder das Gelernte noch einmal selbst wiederholen, können sie es sich besser merken. Gleichzeitig besteht aber die Gefahr, dass Kinder von diesen Fragen genervt sind, weil es keine wirklichen Fragen sind, die sie zu neuen Überlegungen und Lösungen anregen, sondern nur bekanntes Wissen abrufen. Auf folgende Weise kann die Puppe dieser Problematik entgehen:

Alfons erscheint aus seiner Tasche. „Hallo! Na, was habt ihr heute vor?"
„Wir kriegen Besuch von einem Feuerwehrmann!"
Alfons klappt staunend die Kinnlade herunter: „Das ist ja toll! Oh, ich wünschte, ich könnte da mitmachen … aber – mein Meerschweinchen ist schon wieder abgehauen, und das muss ich erst einfangen, sonst knabbert es noch an den Kabeln. Hm … aber wisst ihr was? Ich beeile mich ganz doll mit der Meerschweinchenfangerei und bin gleich wieder zurück … und ihr fangt dann notfalls schon mal an mit eurem Feuerwehrmann. Okay?"
„Okay."
„Gut, dann bis dann – tschüss!"
Alfons verschwindet. Erst zum Ende der Stunde taucht er wieder auf:
„So, das ging schnell, nicht wahr? Das alte Schwein saß in der Waschmaschine … Jetzt können wir aber anfangen!"
„Aber wir sind schon fertig!"
Geschockt zieht Alfons seinen Kopf etwas zurück: „Was?"
„Ja, der Feuerwehrmann hat schon alle seine Sachen eingepackt!"
Alfons fasst sich an den Kopf: „Oh nein! Aber es war nicht so interessant, oder?
„Doch!"
„Echt? Ach …" Alfons seufzt. „Aber dann erzählt mal, was war denn so spannend?"
Die Kinder erzählen ihm nun, was für sie am Wichtigsten war, so dass die Puppe ausgiebige Gelegenheit dazu hat, sich die wesentlichen Punkte noch einmal von ihnen erzählen zu lassen. Weil Alfons es wirklich wissen will, sind seine Fragen echte Fragen und das Wiederholen und Lernen geschieht unbekümmert und ganz nebenbei.

Alfons weiß Bescheid – die Puppe unterrichten lassen

Alfons erscheint mit einem Pflaster auf der Nase (oder einem Arm im Verband), reibt seine Nase und jammert ein bisschen herum.
„Autsch … hallo Kinder!"
„Was ist denn mit dir passiert?"
Alfons macht eine ausholende Geste mit seiner Hand: „Gestern hatte ich einen Unfall …" Seine Stimme bekommt einen ganz empörten Ton: „… und das, obwohl ich bei mir zu Hause im meinem Sessel saß! Stellt euch das mal vor!" Kleine Pause. „Also das war so: Ich las gerade in meinem Lieblingsbuch, als es plötzlich knallte. Peng! Und dann war auf einmal alles stockfinster – ich habe mich vielleicht erschreckt, das kann ich euch sagen. Zuerst dachte ich, Ben der Räuberprinz wollte mich überfallen. Aber dann fiel mir ein, dass er ja zurzeit in Österreich ist, um Wasserskilaufen zu lernen. Also musste es etwas anderes sein, aber was nur … was …?"
„Ist die Glühbirne kaputtgegangen?"
„Ja, die Glühbirne! Das stimmt – du hast Recht! Auf den Gedanken kam ich schließlich auch: Die Glühbirne muss kaputtgegangen sein! Also bin ich losgezogen und habe eine neue Glühbirne gesucht, aber weil es so dunkel war, bin ich mit meiner Nase voll gegen den Schrank geknallt …" Alfons reibt sich seine Nase. „Autsch." Dann greift er in seine Tasche und sucht et-

Opa weiß einfach alles!

Wenn eine Puppe Wissen an die Kinder weitergibt, übernimmt sie die Rolle des Lehrenden. Manche Puppen lassen sich dafür besonders gut einsetzen: Ein Feuerwehrmann erklärt den Kindern, was sie tun müssen, wenn es brennt, ein Pastor erzählt eine Geschichte aus der Bibel, und Opa weiß einfach über alles Bescheid und kann zu allem befragt werden.

Auch eine normale Kinderpuppe kann Expertenwissen weitergeben. Dann ist es jedoch hilfreich, wenn sie den Kindern vorher erzählt, woher sie ihr Wissen hat: Vielleicht war sie am Wochenende auf Borkum und weiß deshalb so viel über die Nordsee oder sie hat einen Freund, der Bauer ist und ihr erklärt hat, wie die Milch von der Kuh in den Supermarkt kommt.

Wenn die Puppe Wissen weitergibt, übernimmt sie eine Rolle, die konträr zu der fragenden und unwissenden Puppe steht. Die Spannung, die dadurch entsteht, stellt jedoch kein Problem dar, sondern ist vielmehr eine Bereicherung. Denn indem die Puppe ihre Rollen wechselt, erhöht sie den Facettenreichtum ihres Charakters. Schwierigkeiten können nur dort entstehen, wo die Puppe als Lehrende eine Rolle übernimmt, die ansonsten die Spielerin oder der Spieler innehat, und es auf diese Weise zu einer Dopplung anstatt zu einer Bereicherung der Rollen kommt. Daher empfiehlt es sich, darauf zu achten, der Puppe nicht zu häufig die Lehrer-Rolle zukommen zu lassen.

was. „Aber das ist wirklich interessant ...“ Er holt eine alte Glühlampe hervor, guckt sie sich genau an, schüttelt sie vor seinem Ohr. „Wisst ihr, was bei der alten Glühlampe kaputtgegangen ist?“

Und nun kann Alfons erklären, warum der Glühfaden so klein ist und was geschieht, wenn er durchbrennt. Er kann den Kindern erzählen, wer die Glühlampe erfunden hat und erklären, was ein Vakuum ist und warum es so knallt, wenn eine Birne zerplatzt. Vielleicht erklärt Alfons auch, unter welchen Bedingungen elektrischer Strom zu fließen beginnt und welche Folgen das haben kann ...

Alfons geht's genauso – die Puppe hilft bei der Integration

Liebe Klasse 3 C,
es ist etwas ganz Schreckliches passiert. Ich habe Läuse. Der Arzt hat gesagt, dass ich so viele habe, dass ich bestimmt schon wen angesteckt habe. Ich schäme mich so, so, so sehr.
Es war immer schön bei euch (außer damals, als ich die Vase aus Versehen kaputtgemacht habe).
Ich werde nie mehr wiederkommen, denn das trau ich mich jetzt einfach nicht mehr.
Vielleicht besuche ich meinen Onkel, der in Australien wohnt.
Lebt wohl!
Für immer und ewig
euer guter Freund Alfons

Das Spiel findet seine Fortsetzung, indem weitere Briefe folgen, in denen Alfons erzählt, was ihm geholfen hat, die Läuse loszuwerden: Wie schrecklich das Medikament, mit dem die Haare gewaschen werden, um Läuse abzutöten, roch und wie es in seinen Augen brannte. Wie schwer es für ihn war, alle seine Stofftiere in Plastiksäcke zu stecken, in denen sie nun vier Wochen bleiben müssen etc. Er kann den Kindern dabei sein ganzes Leid der Erkrankung und seine Freude über den Erfolg der Behandlung mitteilen. Schließlich beschließt er dann doch, wieder zurückzukommen, und vermutlich haben ihn die Kinder dazu längst eingeladen und gebeten. Am Ende dieser Geschichte wird er dann mit den Kindern feststellen, dass es zwar sehr unangenehm, aber keine Schande ist, Läuse zu bekommen, dass so etwas manchmal passiert und man es aushalten kann und nicht davor weglaufen muss ...

Wenn Kinder in eine Außenseiterposition zu geraten drohen, können Sie ihnen die Puppe zur Seite stellen und mit ihr Impulse zur Integration setzen. Dazu geben Sie der Puppe die Eigenschaft, das Stigma oder den Makel, durch den das betroffene Kind zum Außenseiter geworden ist. Sollte die Gefahr bestehen, dass die Spielabsicht durchschaut wird oder das betroffene Kind dadurch noch mehr in das Blickfeld rückt, anstatt davon befreit zu werden, variieren Sie das Thema: Wenn ein Kind in der Gruppe stottert und deswegen gehänselt wird, lassen Sie die Puppe lispeln, wenn ein Kind Hörgeräte tragen muss, geben sie der Puppe eine Brille, und wenn ein Kind etwas gestohlen hat, hat die Puppe etwas, ohne zu fragen, ausgeliehen und dann kaputtgemacht.
Wichtig ist, dass die Puppe der Gruppe dabei Einblick in ihr Leid und ihre Außenseiterposition gewährt. Auf diese Weise bietet sie den Kindern die Gelegenheit mitzufühlen, zu verstehen und neue Einstellungen und Verhaltensweisen zu gewinnen. Das betroffene Kind erlebt seinerseits, welche Schritte aus der Isolation führen können. Mit etwas Glück wird die Übertragung auf die konkrete Situation dann ganz leicht und wie nebenher geschehen. Ziel ist ein Prozess der Versöhnung, der auf zwei Ebenen stattfindet: Im Kind selbst, das sich mit seiner Behinderung oder der eigenen Missetat mit all seinen Konsequenzen anfreunden muss, sowie zwischen dem Kind und der Gruppe, die ihre Tendenzen zur Ausgrenzung bzw. Isolation gegen ein integratives Verhalten austauscht.
Wenn die Sequenz zu dem Thema abgeschlossen ist, können Sie die Puppe sanft und selbstverständlich zu ihrer alten Normalität zurückkehren lassen: Die Beschädigung fremden Eigentums ist vergessen, und nach einer gewissen Zeit hört das Lispeln auf und die Brille verschwindet wieder. Wenn die Kinder die Puppe deswegen ansprechen, sagt sie ganz beiläufig:
„Och ja ... manchmal kommt es, manchmal geht es wieder ... ich verstehe das auch nicht."

Wenn die Puppe dafür genutzt werden soll, Kinder einer anderen nationalen Herkunft in ihrem Prozess der Integration zu unterstützen, empfiehlt sich ein anderer Spielansatz. Dann ist es besser, wenn sie neugierig ist, staunt, Fragen stellt und dem Unbekannten mit Wertschätzung begegnet. Sie kann Worte der Begrüßung, des Abschieds und des Dankes in der Fremdsprache erlernen oder wissen wollen, wie ein Geburtstag in der anderen Kultur gefeiert wird. Und vielleicht war sie ja selbst schon einmal in einem Land, wo sie dann ganz schreckliches Heimweh bekommen hat …

Susi spricht den Kindern aus der Seele – die Puppe als StellvertreterIn der Kinder

Susi wendet sich an ihre Spielerin: „Du, Frau Schmidt …"
„Was gibt es denn, Susi?"
„Ich habe da mal eine Frage."
„Was für eine Frage denn?"
Susi zögert. „Du darfst aber jetzt nicht lachen!"
„Nein."
„Versprochen?"
„Versprochen!"
„Gut. Also nehmen wir mal an, du hast mir schon dreimal erklärt, wie das mit dem Malnehmen geht."
„Ja, das habe ich dir auch schon dreimal erklärt: Am Wochenende, Dienstag in der Pause und gestern."

Wenn ein Kind sich nicht traut, etwas zu fragen, kann das die Puppe für das Kind tun.

„Unterbrich mich jetzt nicht! Also nehmen wir mal an, du hast mir schon dreimal erklärt, wie das mit dem Malnehmen geht, und ich sage dann irgendwann, ich hätte es verstanden."
„Aber du hast es gestern doch auch verstanden …"
„Na, nicht so ganz richtig."
„Wieso nicht so ganz richtig?"
„Ach, irgendwann wurde es mir einfach zu viel mit all diesen Zahlen. Sieben, Elf, Drölf, Achtundsiebzig, Elfzehnneunzig …"
„Und dann hast du einfach gesagt, du hättest es verstanden?"
„Ja, so ähnlich. Ich habe dann einfach nur noch zu allem ja gesagt und keine Fragen mehr gestellt."
„Du hast also aufgegeben."
„Ja. Aber jetzt würde ich es doch noch mal gerne lernen. So viele Kinder hier können schon malnehmen, dann möchte ich es auch können."
„Weißt du was? Dann zeigen wir es dir einfach noch mal. Habt ihr Lust, Susi dabei zu helfen?"
Die Kinder rufen „Ja".
„Susi – ich setze dich jetzt hier mal auf den Stuhl und du guckst zu. Und wenn du Fragen hast, stellst du sie gleich."
„Und wenn ich nicht mehr aufpassen kann?"
„Tja, … dann sagst du es gleich und wir gucken mal, was wir dann am besten machen. Ja?"
„Ist gut. So machen wir das, Frau Schmidt, und vielleicht lerne ich das verflixte Malnehmen jetzt ja wirklich. Das wäre vielleicht toll …"

Susi bekommt nun einen eigenen Platz, von dem aus sie das Geschehen an der Tafel verfolgen kann. Sie stellt alle Fragen, die die Kinder haben könnten, und hat an allen Stellen, an denen die Kinder Schwierigkeiten haben könnten, ebenfalls Schwierigkeiten, bis sie die Rechentechnik schließlich voll Freude begreift. Wenn Frau Schmidt jedoch bemerkt, dass bei einigen Kindern die Konzentration nachlässt, bevor sie das Malnehmen verstanden haben, könnte sie auch die Puppe müde werden lassen: „Frau Schmidt – ich kann nicht mehr … ich glaube, ich verstehe jetzt schon etwas mehr, aber es hat in meinem Kopf noch nicht so richtig Klick gemacht. Machen wir jetzt erst mal etwas anderes?“

Eine weitere Variante könnte auch darin bestehen, dass Susi das Malnehmen, nachdem sie es selbst verstanden hat, den Kindern erklärt, die es noch nicht begriffen haben. Dann kann sie auf besonders einfühlsame Weise die Rolle des Lehrenden übernehmen. Schöner ist es jedoch, wenn die Puppe den Lernschritt gemeinsam mit dem letzten Kind vollzieht und es dadurch davor schützt, sich allein oder dumm zu fühlen.

Wenn deutlich wird, dass ein Kind Fragen oder Bitten hat, die es sich nicht zu stellen traut, kann die Puppe diese aufnehmen und sie der Spielerin oder dem Spieler stellen. In einer solchen Spielsequenz wird dann das Gespräch vollzogen, das direkt mit dem betreffenden Kind geführt werden könnte, wenn es frei oder sich seiner Fragen oder Bitten bewusst wäre. Die Puppe fungiert dabei als heimliche Stellvertreterin des Kindes und nimmt ihm die Scham ab, sich etwas nicht zu trauen oder etwas nicht zu wissen. Das Kind, das dem Geschehen zusieht, kann in dem Spiel nun nicht nur seine eigenen Gefühle und Fragen wieder entdecken – es findet sich auch selbst in der Puppe wieder, die ja genau so ist wie es selbst, nur eben ein kleines Stückchen freier …

Um die Puppe auf diese Weise für ein Kind sprechen zu lassen, benötigen Sie ein gutes Gespür für dessen Situation. Je besser Sie das Kind, sein Schweigen und seine Strategien, sich Lernprozessen zu entziehen, verstehen, desto leichter wird es Ihnen fallen, die Puppe die Rolle des Kindes spielen zu lassen.

Wenn es Ihnen misslingen sollte, die genaue Situation des Kindes zu treffen, ist das jedoch nicht schlimm: Das Kind sieht der Puppe dann eben zu, wie es sich aus irgendeiner schwierigen Situation befreit, und das kann immer noch interessant und spannend genug sein. Wenn Sie die Situation des Kindes jedoch treffen, wird das erleichternd auf das Kind wirken, und es wird das Spiel hellwach und mit großer Leidenschaft und Freude verfolgen.

Alfons bringt den Laden in Schwung – mit der Puppe Gruppen animieren

„Sagt mal, hättet ihr vielleicht Lust, mir einen ganz, ganz großen Gefallen zu tun?“

Kleine Pause. Vielleicht antworten die Kinder schon mit „Ja!“

„Also, es ist so, meine Tante Erna bekommt heute Abend Besuch von ihren Freundinnen und deshalb sitzt sie nebenan und schält lauter Kartoffeln für die Suppe. Würdet ihr mal alle ERNA rufen? Da würde sie sich bestimmt riesig freuen …“

Kleine Pause.

„Also bei drei: Eins – zwei – drei: ERNA!“

Die Kinder rufen mit.

„Oh, das war ja toll. Das Dumme ist nur, dass meine Tante schwerhörig ist.“ Kleine Pause. „Könntet ihr vielleicht noch ein bisschen lauter rufen?“

„E-R-N-A-A-A!!!!“

„Ooooh, klasse! Also, wenn sie das nicht gehört hat, dann weiß ich auch nicht … obwohl … obwohl manchmal, da macht sie ja ihr Hörgerät nicht an. Dann hört sie nur, wenn man so ein bisschen kreischt und mit so einer ganz hohen Stimme schreit. Wisst ihr was, sicherheitshalber, nur sicherheitshalber, machen wir das auch mal. Ja?“

Die Kinder lachen und das bedeutet: „Ja“.

„Wollen wir mal ganz laut nach Mama schreien?"

„Und damit eure Stimme wirklich, wirklich ganz hoch klingt, steigt ihr am besten alle mal auf die Stühle, jawohl! Also: Alle Mann hoch, husch, husch ..."
Die Kinder steigen auf ihre Stühle.
„Also bei drei: Eins – Zwei – Drei ..."

Einer Gruppe, die sich noch nicht zusammengefunden hat, kann eine Animation unschätzbare Dienste erweisen. Eine gute Animation führt eine Gruppe ins Spiel und stupst die Einzelnen behutsam an, ihre Hemmungen ein wenig abzulegen. Indem sie alle Gruppenmitglieder dazu einlädt, für eine kleine Weile dasselbe zu tun, erzeugt sie Verbindungen zwischen ihnen, lockt sie aus ihren Isolationen und ermöglicht so das Entstehen eines Gruppengefühls.

Es genügt jedoch nicht, wenn alle dasselbe tun. Sie müssen es auch freiwillig und gerne tun (hier scheitern die meisten Polonaisen). Wenn es gelingt, dass die Gruppe das Gemeinsame gerne tut, steigt ihre Energie. Die Menschen werden wacher, lebendiger, ihre Freude nimmt zu und Hemmungen verringern sich.

Am besten wird eine Gruppe zu einer gemeinsamen Aktion bewegt, wenn die Puppe eine Geschichte erfindet, die der Gruppe einen Grund dafür liefert, dieses oder jenes gemeinsam zu unternehmen.

Beispiele für eine gründliche Animation finden sich häufig im klassischen Kaspertheater: Gleich zu Beginn der Vorstellung werden die Kinder eingeladen, zur Musik mitzuklatschen, „Kasper!" zu rufen oder nach Seppel zu schreien. Dadurch nehmen sie intensiver am Spielgeschehen teil und ihre Begeisterung steigt. Erscheint dann später der Räuber oder der böse Zauberer, brodelt die Stimmung häufig so sehr, dass manche Räuber- oder Zaubererpuppe schon aufpassen musste, nicht von den Kindern verhauen zu werden.

Kinder lassen sich wesentlich leichter animieren als Erwachsene. Wenn sie dabei aber außer sich geraten, kann es schwer werden, mit ihnen den Übergang in ruhigere Stimmungen zu finden. Deshalb ist es wichtig, darauf zu achten, nicht mehr Energie in der Gruppe freizusetzen, als im Anschluss an das Spiel gewünscht wird. Gehen die Kinder nach der Spielsequenz ins Wochenende oder steht die Animation am Beginn einer Geburtstagsfeier, kann die Puppe bis zum Anschlag aufdrehen. Wenn nach dem Spiel aber noch eine Bastelstunde ansteht oder besprochen werden soll, wie der Ausflug nächste Woche organisiert wird, ist es ratsam, weniger intensive Spielimpulse zu geben.

Halten Sie sich gut fest, wenn die Kinder in Fahrt kommen.

Die Kinder können von der Puppe auch in die Ruhe geführt werden:

Alfons erscheint und seufzt.

„Hallo!", rufen die Kinder.

„Hallo", antwortet Alfons leise. Dann schweigt er, streicht mit seiner Hand über seine Hose und seufzt noch einmal.

„Heute … heute ist irgendwie ein eigenartiger Tag …"

Pause.

„Ich weiß nicht, ob ihr so etwas kennt, aber heute habe ich eigentlich nur auf gemütliche und leise Sachen Lust …"

Pause. Alfons blickt auf seine Hose, während er spricht.

„… und auf Alleinsein. Ich meine, mit euch ist es ja auch schön, aber heute, heute mag ich es besonders gerne, wenn es still ist." Pause.

„Kennt ihr das auch, dass ihr mal eure Ruhe haben wollt?"

„Ja!"

Egal, wie laut oder leise die Kinder antworten, Alfons sagt trotzdem: „Pscht! Nicht so laut … also ihr kennt das auch?"

„Ja!" Diesmal sind die Kinder (noch) leiser.

„Das ist ja schön. Dann zeige ich euch gleich mal etwas: Hört einmal genau her!"

Die Kinder lauschen, aber nichts passiert.

„Hört ihr?"

„Nein!"

„Dann müsst ihr noch stiller sein!"

Die Kinder sind jetzt wirklich still.

„Könnt ihr sie jetzt hören?"

Große Stille.

„Das ist die Donnerstagsnachmittagsstille von … Schön, nicht wahr? Ich muss mir noch mal etwas einfallen lassen, wie ich die Stille in Flaschen fülle und all den armen Menschen ausleihe, die in der Nähe von Autobahnen wohnen. Ich gehe jetzt, ich glaube, ich muss

jetzt einfach noch ein bisschen still sein und vor mich hinträumen ...", und flüsternd fügt Alfons hinzu: „Tschüss!"
„Tschüss!", flüstern die Kinder.

Wenn sich die Kinder zu Beginn des Spieles in einer sehr großen Unruhe befinden, wird es schwierig, sie auf diese Weise in die Stille zu führen. Die ruhige Stimmung der Puppe könnte der Verfassung der Kinder zu fremd sein, so dass sie sich nicht auf sie einlassen können. Die Puppe muss also an die Dynamik und die Energie, die sie bei den Kindern vorfindet, anknüpfen und diese behutsam weiterentwickeln bzw. zur Ruhe führen, sonst überfordert und verliert sie die Kinder. Animation führt dabei in einen Prozess aus verschiedenen kleinen Schritten. Die Kunst besteht darin, für jede Gruppe die richtigen Schritte zu finden, um sie spielerisch und charmant in Richtung Lebendigkeit und Chaos oder zur Ruhe zu führen.

Animation ist eine Form der Manipulation, weil sie Menschen dazu bringt, etwas zu tun, was sie ohne den Impuls von außen nicht tun würden. Es ist deshalb wichtig, dass sie sich darauf beschränkt, Menschen nur zu dem zu bewegen, was diese selbst auch tun möchten, aber sich alleine nicht trauen würden (sich z. B. ein wenig verrückter und freier verhalten, als sie das in ihrem Alltag gewohnt sind). Wenn eine Gruppe deutlich macht, dass sie dem Spielimpuls der Puppe nicht folgen will, muss das Vorhaben abgebrochen werden, ohne die Gruppe unter Druck zu setzen oder zu beschämen:
„Ach ... das ist aber schade ... ich fand ja das Lied von der kleinen Verkehrsampel und dem Zebrastreifen so schön und ich dachte, dazu könnte man ganz prima tanzen. Ach ... aber na ja. Dann werde ich es nachher noch mal meinem Meerschweinchen vorsingen und vielleicht tanzt das dann ja eine Runde mit mir ..."

Wenn die Puppe die Kinder dazu bewegen will, etwas zu tun, wozu sie eigentlich keine Lust haben, verwandelt sich die Situation, und aus der Animation wird die Ausübung von Druck:

Alfons kommt schwungvoll aus seiner Tasche hervor: „Aha – ihr seid also die Klasse 3 C! Ich soll euch schön von Konrad grüßen, der hat nämlich Kopfschmerzen!"
Kleine Stille, die Kinder sind etwas überrascht.
„Wer ist das denn?"
„Konrad ist mein Goldfisch und er ist krank!"
„Du hast einen Goldfisch?"
„Ja – den habe ich neulich zum Geburtstag bekommen! Aber er ist krank!"
„Was hat er denn?"
„Kopfschmerzen. Und der Arzt hat gesagt, er braucht ganz viel Ruhe. Aber hier ist es ja so laut ... Deshalb verschwinde ich jetzt wieder und wir machen die Tasche wieder zu. Tschüss."
„Oh, geh noch nicht!"
„Aber wenn ihr so laut seid ..."
„Wir können auch leise sein."
„Dann zeigt mir mal, wie leise ihr sein könnt."
Die Kinder sind still und Alfons lauscht.
„Oh, das ist ja schon ziemlich leise ..." Pause. „Hm ... ihr seid ja noch leiser als mein Onkel Paul, wenn er sich auf indianisch anschleicht!" Pause. „Na gut. Dann wird sich Konrad freuen und ich könnte euch ja noch mal zeigen, was ich gestern im Wald gefunden habe ..."

Wenn es wirklich spielerisch geschieht, ist nichts dagegen einzuwenden, dass Sie Ihre Puppe Druck ausüben lassen. Dann macht es Ihnen Spaß, die Kinder mit ihr ein wenig zu ärgern, zu provozieren und auf den Arm zu nehmen, und die Kinder spüren auch etwas von Ihrem Augenzwinkern dabei. So wird der Erpressungsversuch zu einem großen Armdrücken zwischen der Puppe und den Kindern, und beide Seiten haben ihre Freude daran.
Etwas ganz anderes ist es aber, wenn Sie die Puppe in Situationen einsetzen, in denen Sie von den Kindern genervt sind. Die Versuchung, sie gerade dann als Verbündeten zu nutzen, um wieder für Ruhe oder Disziplin zu sorgen, kann manchmal sehr groß sein. Aber wenn Sie Ihre Puppe nicht aus Lust am Spiel, sondern aus Ratlosigkeit oder Frustration Druck ausüben lassen, verliert sie ihre Unschuld. Dann wäre es gut, wenn sie sich darüber einmal beschweren würde:

„Oh! Jetzt muss ich also wieder dafür sorgen, dass die Kinder ruhig werden!"

„Äh … aber das kannst du doch immer so gut!"

„Das kann ich gut? Die Kinder erpressen?" Die Puppe macht sich selbst nach: „Wenn ihr nicht bald alle still seid, dann werde ich euch morgen nicht das Bild zeigen, das der Piratenkapitän meiner Oma malte, weil er sich so sehr in sie verliebt hatte … also, wenn das hier so weitergeht mit dem vielen Rumschreien und Zanken, dann sammle ich meine Zauberstifte sofort wieder ein." Die Puppe schnaubt wütend. „Immer ich! Dabei bist du hier doch der Erwachsene!"

„Ja, schon …, aber wenn es so laut ist, dann hören die Kinder manchmal einfach besser auf dich."

„Na klar … Los, Leute, wenn ihr genervt seid und nicht mehr weiterwisst, dann holt einfach die Puppen herbei! Die werden das Kind schon schaukeln, und dann braucht ihr die Kinder nicht mehr selber unter Druck setzen. Kann ich für die nächste Stunde nicht wenigstens eine Peitsche haben? Den netten Kindern würde ich dann auch Bonbons geben …"

„Also jetzt übertreibst du aber! So schlimm ist es doch nun auch wieder nicht."

„Es ist aber schon ganz schön doof. Es ist einfach nicht lustig. Es macht mir keinen Spaß, und wenn mir etwas keinen Spaß macht, ist das ein ganz schlechtes Zeichen." Die Puppe überlegt: „Ich kann ja schon schlechte Laune haben, ich habe sogar eine richtige Lust darauf, mal wieder schlechte Laune zu haben, aber es muss mir Spaß machen, sonst nützt es nichts. Sonst macht es ja den Kindern auch keinen Spaß, weißt du."

„Das ist alles etwas verwirrend, aber ich glaube, ich verstehe es schon. Also nur noch Druck ausüben, wenn es mir auch Spaß macht und es Spiel ist?"

„Ja!!! Bitte, bitte, bitte!"

Der Erwachsene seufzt. „Also sage ich es den Kindern wieder selbst, wenn mich ihr Verhalten stört."

„Gute Idee. Obwohl ich das natürlich auch für dich tun könnte: Also Kinder, hört mal alle her! Herr Heikenbrök hatte heute Morgen schon eine Sitzung zum Thema Qualitätsmanagement und die wirkt bei ihm noch ein bisschen nach: Hitzewallungen, Schwindelgefühle, Weltschmerz … Also seid heute bitte schön brav und leise. Seid lieb zu ihm, streichelt ihn und füttert ihn mit euren Essensresten … – na, wäre das nicht schön?"

„Ach, äh, … ich glaube, wenn es mal wieder soweit ist, sage ich es den Kindern doch lieber selbst. Mal sehen … – Aber andererseits wäre es ja auch spannend zu erfahren, wie die reagieren, wenn du mich so auf die Schippe nimmst. Und ein bisschen Quatsch kann ja auch nicht schaden …"

Kalle und Jule lassen sich nicht beirren – das Spiel in kritischen Situationen

Kalle ist behutsam – wenn Kinder Angst haben

Die vierjährige Sandra soll beim Arzt untersucht werden. Weil sie Angst hat, will sie sich nicht in den Mund und die Ohren sehen lassen, und so unterbricht der Arzt seine Untersuchung und holt erst einmal seine Puppe hervor. In zwei Metern Entfernung zu Sandra beginnt die Puppe sich mit dem Arzt zu unterhalten.

„Hallo Herr Möhrenstein! Gut geschlafen?"

„Hallo Kalle! Ja, danke! Aber ich bin schon ein paar Stunden wach …"

„Echt? Ich glaube, du musst unbedingt mal wieder etwas fauler werden! Die ganze Zeit bist du nur am Machen und Tun! Irgendwann verlernst du es noch völlig, dir dein Leben gemütlich zu machen!"

„Ach Kalle … wenn es soweit ist, dann komme ich einfach zu dir und du bringst mir das Faulenzen wieder bei! Das kannst du doch so gut!"

„Ja, das würde ich wohl machen. Dann gebe ich dir Ausschlafunterricht und wir trainieren das Nichtstun."

Bis jetzt haben sich die beiden unterhalten, ohne auf Sandra einzugehen. Weil Sandra das Geschehen aber fasziniert verfolgt und schon viel weniger ängstlich aussieht als noch vor einer Minute, wagt Kalle nun den ersten Schritt, das Mädchen ins Spiel zu involvieren. Er blickt kurz zu Sandra herüber und wendet sich dann wieder an seinen Spieler:

„Mensch, Herr Mühlenstein!"

„Ich heiße Möhrenstein – sag mal, Kalle, wie oft soll ich dir das noch sagen?"

„Ja, das ist doch jetzt egal! Hast du eigentlich gemerkt, dass du Besuch hast?" Kalle schielt noch einmal zu Sandra herüber und flüstert: „Da sitzt ein Mädchen!"

„Kalle, da musst du gar nicht flüstern. Das weiß ich doch!"

„Wie heißt es denn?"

„Frag es doch selber!"

Kalle wird auf einmal etwas schüchtern, blickt auf den Boden, dann wieder zu Sandra:

„Ich bin Kalle. Und wer bist du?"

Mit etwas Glück antwortet Sandra nun schon. Ansonsten fängt Kalle an, ihren Namen zu erraten: „Ach, du brauchst überhaupt nichts zu sagen. Du heißt bestimmt Renate!"

„Nein!"

Kalle ist enttäuscht: „Wirklich nicht … ???"

Er spielt jetzt so lange Namenraten, bis Sandra mit der Sprache herausrückt. Dann geben sich die beiden die Hand und das Gespräch kann sich der Untersuchung zuwenden.

„Weißt du was? Das hier ist übrigens Herr Ohrenfein!"

Die Puppe kann auch schüchtern sein.

„Ich heiße Möhrenstein!"
„Ja, aber Ohrenfein wäre auch ein guter Name für dich!" Kalle wendet sich dem Mädchen zu: „Weißt du, warum, Sandra? – Weil er den Leuten immer so gerne in die Ohren guckt!"
„Das muss ich auch machen! Ich bin schließlich dazu da nachzugucken, ob alles in Ordnung ist mit den Ohren, der Nase, dem Mund und all dem …"
„Ja, ja, das wissen wir doch schon lange! Hat er dir auch schon in die Ohren geguckt?"
Sandra schüttelt den Kopf.
„Och du Arme! Dabei kitzelt das immer so schön … Aber warte mal ab, das haben wir gleich – ich werde ihn einfach mal fragen." Kalle wendet sich an seinen Spieler und schaut dann wieder Sandra an: „Herr Oberfein, würdest du bitte, bitte, bitte mal bei meiner Freundin Sandra in die Ohren gucken?"
„Aber gerne. Wollen wir es noch mal probieren?"
Auf einmal wird Sandra wieder ängstlich, blickt auf den Boden und schüttelt den Kopf.
Kalle: „Ich glaube, sie hat ein bisschen Angst. Aber das ist eigentlich gar nicht nötig. Weißt du was, Sandra, dann lasse ich Herrn Möhrenklaun einfach in meine Ohren gucken. Dann kannst du schon mal sehen, wie das so ist, bevor er dich auch untersucht. Erst untersucht er mich, dann dich – wollen wir das so machen?"
Sandra blickt wieder auf und nickt.
„Also dann mal los …"

Wenn ein Kind Angst hat, weil es sich in einer unbekannten Situation befindet, kann die Puppe eingesetzt werden, um das Eis zu brechen und für Entspannung zu sorgen. Mit etwas Glück ist das Spiel für das Kind so faszinierend, dass es die eigene Angst beim Zusehen vergisst und ablegt.
Eine andere Möglichkeit besteht darin, dass die Puppe selbst auch ängstlich gespielt wird und in ihrer Ängstlichkeit für das Kind zu einer Verbündeten wird (➜ *Der Spiegel des Narren*, S. 11).

Sarah wird heute ihren ersten Tag im Kindergarten verbringen. Ihr Vater ist gerade gegangen und nun steht sie unsicher und etwas verloren in der Gruppe. Die Erzieherin nimmt sich ihre Puppe Kalle und hockt sich mit ihr zwei Meter entfernt hinter einen Stuhl.
Kalle lugt hinter der Stuhllehne hervor. Sarah blickt zu ihm hin. Kalles Gesicht verschwindet. Nach einer kleinen Weile kommt er aber langsam wieder hervor. Erneuter kurzer Blickkontakt und wieder verschwindet Kalle. Beim dritten Mal bleibt er länger und spricht Sarah zögerlich an.
„Äh … hallo …"
Pause.
„Ich … äh … also, ich …", Kalle flüstert nur noch: „Ich habe mal eine Frage: Bist du hier auch neu?"
Sarah nickt.
„Oh …"
Pause.
„Ich … ich bin auch noch nicht so lange da."
Sarah entspannt sich sichtlich. Sie ist von der Puppe so fasziniert, dass sie ihre Unsicherheit und Ängstlichkeit vergessen hat. Deshalb wird Kalle auch zuversichtlicher und verlässt sein Versteck hinter dem Stuhl:
„Aber ich weiß schon, wo die Stifte mit dem Papier liegen. Hättest du vielleicht Lust, etwas mit mir zu malen?"

Manchmal haben Kinder auch Angst vor der Puppe.

Sarah nickt.
„Ich heiße übrigens Kalle. Wie heißt du denn?"
„Sarah."
Kalle streckt ganz vorsichtig seine Hand aus.
„Hallo Sarah!"
Sarah gibt ihm die Hand.
„Hallo Kalle!"
Und die beiden ziehen zum Maltisch, wo Kalle noch ein bisschen mit Sarah malt, sie mit anderen Kindern bekannt macht und sich dann gähnend verabschiedet, weil er auf einmal so müde ist und noch ein bisschen schlafen will.

Sobald die Angst verschwunden ist, können die anderen (angestauten) Gefühle frei werden …

Weil die Puppe so groß ist und so lebendig wirkt, kann es vorkommen, dass Kinder Angst vor ihr haben. Deshalb ist es wichtig, insbesondere zu Beginn des Spiels sehr auf die Stimmungslage des Kindes zu achten. Wenn Sie mit mehreren Kindern spielen, können sich die ängstlicheren Kinder hinter den mutigeren zurückziehen und das Geschehen aus ihrem Versteck verfolgen, während Sie nur die mutigeren Kinder anspielen. Spielen Sie jedoch mit nur einem Kind, ist die Situation für ein Kind, das Angst vor der Puppe hat, bedrohlicher. In diesem Fall sollten Sie darauf achten, zwischen dem Kind und der Puppe einen möglichst großen Abstand zu halten. Wenn Sie das Spiel in einer Entfernung von vier, sechs oder acht Metern beginnen, bieten Sie dem Kind eine große Fläche an, auf der es sicherlich andere Zufluchtsmöglichkeit findet. Dann sucht es sich statt der Spielkameraden vielleicht einen Schrank oder eine großen Zimmerpflanze, hinter denen es hervorlugt und die Puppe beobachtet.

Achten Sie nun genau auf das Kind: Wenn es nicht nur Angst vor der Puppe hat, sondern gleichzeitig auch fasziniert von ihr ist, haben Sie gute Chancen, dass sich noch ein schönes Spiel entwickelt, an dessen Ende das Kind all seine Angst ablegt. Ihre Aufgabe ist es nun, an die Faszination des Kindes anzuknüpfen und ihm durch ein behutsames Spiel alle Ängste zu nehmen, bis sich Ihre Puppe dem Kind so weit nähern darf, dass sich die beiden die Hand geben und eine Freundschaft beginnen kann.

Wenn ein Kind vor der Puppe Angst hat, empfiehlt es sich, die Puppe auch ängstlich sein zu lassen, denn höchstwahrscheinlich wird sich das Kind vor einer ängstlichen Puppe weniger fürchten als vor einer frechen. Um die Puppe ängstlich zu spielen,

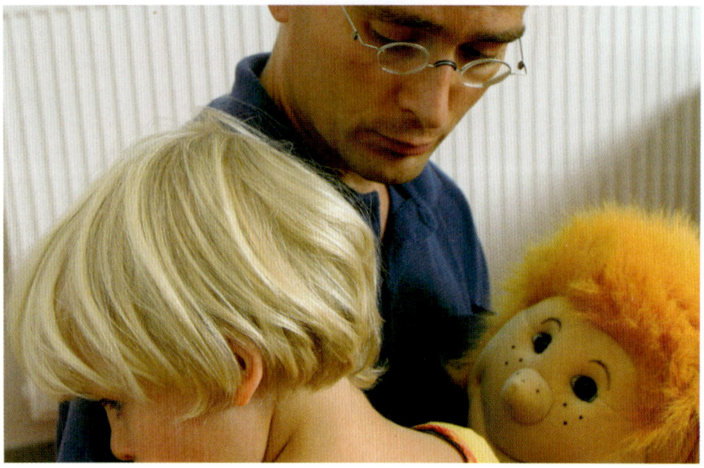

Wenn das Kind beim ersten Kontakt mit der Puppe nicht auftaut, können Sie es zu einem anderen Zeitpunkt noch einmal probieren.

nimmt sie ihre Hand oft ins Gesicht und zuckt bei den kleinsten Geräuschen zusammen. Sie spricht nur leise und stockend, stottert vielleicht sogar, bringt Sätze nicht zu Ende und unterbricht sich mit vielen „Ähs" (vgl. Johnstone 2002, S. 69f). Und auch sie versteckt sich gerne hinter Dingen oder Menschen …

Wenn Kinder Angst haben, kommt es sehr darauf an, das Spiel ganz behutsam und langsam zu entfalten. Hier geht es nicht darum, ein Publikum durch eine Kostprobe ausdrucksvoller und einfallsreicher Puppenspielkunst zu unterhalten, sondern allein darum, ein Kind von seiner Angst zu befreien. Vielleicht muss die Puppe dafür fünf Minuten lang schweigen, sich verstecken, zögern, flüstern und stottern, bis das Eis schmilzt, vielleicht aber auch nur dreißig Sekunden.

Das Kind bestimmt das Tempo des Spiels, und erst wenn es seine Angst verliert, kann auch die Puppe mutiger werden. Wundern Sie sich aber nicht, wenn dasselbe Kind, das eben noch so viel Angst vor der Puppe hatte, schon wenige Minuten später die Puppe küssen und drücken will: Gefühle ändern sich manchmal schnell, besonders bei Kindern.

Manchmal kommt es auch vor, dass ein Kind so viel Angst vor der Puppe hat, dass es anfängt zu weinen. Dann ist es selbst mit den größten Kunstkniffen nicht mehr für das Spiel zu gewinnen. In diesem Fall bleibt nichts anderes übrig, als die Puppe in Würde abtreten zu lassen:

„Oh, wie schade, dass du weinen musst … ja, manchmal haben Kinder einfach Angst vor mir … Hm … dann gehe ich jetzt lieber. Ich wollte sowieso noch meine Bonbons suchen. Ich habe nämlich ganz vergessen, wo ich die hingelegt habe und irgendwo müssen sie ja sein … Dann mach es gut – tschüss!"

Es ist wichtig, dass Sie sich keine Vorwürfe machen, wenn ein Kind weinend auf Ihre Puppe reagiert. Es war mutig von Ihnen, Ihre Puppe auszuprobieren, und wenn Sie sie behutsam gespielt haben, haben Sie alles getan, was Sie konnten. Es lag nicht an Ihnen, dass das Spiel nicht aufblühen konnte, sondern daran, dass die Puppe für dieses Kind zurzeit einfach nicht das Richtige ist. Es kann gut sein, dass das Kind seine Einstellung zu der Puppe ändert, wenn es etwas älter ist, so dass ein zweiter Versuch einige Wochen oder Monate später zu ganz anderen Ergebnissen führen wird. Manchmal hilft dabei dann auch, die Puppe zunächst einfach unbespielt in eine Ecke des Raumes zu setzen, so dass sich das Kind zunächst in aller Ruhe an die unbelebte Puppe gewöhnen kann.

Jule sagt nein – Kindern Grenzen setzen

Aus heiterem Himmel stürmt ein Junge auf Jule zu und boxt sie in den Bauch.
„Aua!“ Jule hält sich die Hand vor den Bauch. „Das tut mir weh!“
Diesmal schlägt der Junge die Puppe auf die Nase.
Jule schreit auf: „Auaa! – Hör auf!“ Jule hält sich die Nase, der Junge will sie aber trotzdem noch einmal hauen. Da unterbricht die Spielerin ihr Spiel: Sie nimmt ihre Hand aus der Hand der Puppe, nimmt Jule hoch auf ihren Arm und mischt sich selbst ins Geschehen ein:
„Bitte höre auf, meine Puppe zu schlagen – das tut ihr weh!“
Höchstwahrscheinlich argumentiert das Kind nun mit dem abwertenden „nur“:
„Wieso – das ist doch ‚nur‘ eine Puppe!“
„Es ist eine Puppe und es tut ihr weh!“
Die Nachricht ist abgeliefert und das Kind weiß jetzt, dass es die Puppe nicht schlagen darf. Nun kann getestet werden, ob es sich an diese Regel auch halten.
Die Spielerin setzt Jule wieder auf ihren Schoß und schlüpft mit ihrer Hand in die Hand der Puppe. Jule erwacht erneut zum Leben, schnäuzt sich ein wenig, wischt sich die Augen ab und spricht das Kind an:
„Das tat mir wirklich weh …“ Kleine Pause. Jule schnäuzt sich noch einmal und wischt sich mit den Handrücken über die Nase. „Ich bin übrigens Jule …“ Sie hält dem Kind vorsichtig ihre Hand hin. „Und wer bist du …?“
„Florian.“
Er reicht ihr die Hand.
„Hallo Florian!“ Kleine Pause. „Wir könnten ja eigentlich Freunde werden, was meinst du?“

Es kommt vor, dass Kinder die Puppe schlagen oder ihr in die Augen oder den Mund fassen. Ein solches Verhalten kann ganz unterschiedliche Gründe haben und muss überhaupt nichts mit einer bösen Absicht zu tun haben: Vielleicht will das Kind einfach mit der Puppe in Kontakt treten und das Hauen stellt für das betreffende Kind nur eine Form der Kontaktaufnahme dar. Es kann auch sein, dass ein Kind die Puppe allein deshalb schlägt, weil es sich durch ihre Größe, ihren frechen Gesichtsausdruck oder ihre Lebendigkeit verunsichert fühlt. Wenn Kinder ihre Hand in den Mund der Puppe stecken oder ihr mit den Fingern in die Augen pieksen, liegt das wiederum oft daran, dass der bewegliche Mund und die großen Augen der Puppe eine besondere Faszination ausüben und es für sie manchmal unwiderstehlich ist, sie einfach einmal zu berühren (➜ *Susi lässt sich was gefallen*, S. 78 f.).
Doch ganz gleich aus welcher Motivation heraus die Kinder Ihre Puppe schlagen und berühren – wenn es Sie stört, ist es wichtig, dass Sie es unterbinden. Am elegantesten ist es natürlich, wenn sich die Puppe selber schützen kann. Sollte ihr dies aber nicht gelingen, sind Sie gefordert, den Kindern zu sagen, dass sie vorsichtig mit der Puppe umgehen sollen. Manchmal müssen Kinder diese Nachricht mehrmals mitgeteilt bekommen, bis sie achtsamer mit der Puppe umgehen. Eine solche Situation kann Ihre Nerven schon sehr strapazieren, aber häufig genügt es, bereits einmal korrigierend in das Spielgeschehen einzugreifen. Sobald den Kindern klar ist, dass sie die Puppe nicht schlagen dürfen, und die Puppe ihnen trotz des vorherigen Konfliktes ihre Freundschaft anbietet, können sehr schöne Spielsequenzen entstehen, bei denen die Stimmung wie ausgewechselt ist.
Es passiert auch, dass ein Kind die Puppe mit Zärtlichkeiten, Küssen und Umarmungen zu ersticken droht. In einer solchen Situation kann es schnell geschehen, dass Ihnen das Kind bzw. dessen heftige Reaktion zu viel wird und Sie angesichts der großen Begeisterung des Kindes in die Defensive geraten: Ihre Spielfreiheit und Ihre Spielfreude machen sich in aller Eile aus dem Staub und Sie sind nur noch mit der Frage beschäftigt, wie Sie dem Kind Grenzen setzen oder Ihr Spiel beenden. In einer solchen Situation können Sie natürlich das Kind auffordern, das wilde Schmusen einzustellen, weil es Ihnen oder Ihrer Puppe zu viel ist. Sie können das Spiel des Kindes aber auch mitspielen, indem Sie Ihre Puppe das Schmuse-Bedürfnis des Kindes kopieren lassen. Dann schmust, küsst und umarmt Ih-

Wenn Kinder „Schmusefieber" haben …

re Puppe mit der gleichen Energie, die das Kind zutage legt, zurück, bis das Bedürfnis des Kindes erfüllt ist und die Zärtlichkeitswelle ihren Höhepunkt erreicht hat, so dass sie von alleine wieder abklingt. Danach können Sie das Spiel auf ein neues Thema lenken …

Die Puppe hustet etwas und schnappt tief nach Luft: „Junge, Junge, Junge – du kannst ja vielleicht zudrücken … So doll umarmt mich ja noch nicht einmal meine Oma, wenn ich ihr zu Weihnachten ein Gedicht aufsage! Los: Einen Knutsche-Kuss noch und dann ist es aber gut, sonst sterbe ich noch an Liebeserdrückung!" Die Puppe hält dem Kind ihren Mund hin und wird noch einmal geküsst. Dann wischt sie sich mit ihrem Handrücken über den Mund. „Ah, das tat gut." Sie schaut sich um. „Aber was machen wir jetzt?" Sie blickt auf das T-Shirt des Kindes und zeigt staunend mit dem Zeigefinger darauf. „Oh … sag mal, ist das nicht das T-Shirt, das Indianer-Willi schon seit zwei Wochen sucht?"

Kalle macht nicht mehr mit – wenn Kinder zu wild werden

Manchmal kommt es vor, dass eine Gruppe von Kindern so intensiv auf die Puppe reagiert, dass auf einmal ein großes Chaos entsteht: Plötzlich reden die Kinder von allen Seiten auf die Puppe ein, so dass sie gar nicht mehr zu verstehen ist. Einzelne Kinder stehen auf, kommen ganz dicht an die Puppe heran und versperren den anderen die Sicht und ein allgemeiner Tumult entsteht, der gar kein Ende finden will. Mitten im Chaos sitzt die Spielerin oder der Spieler mit der Puppe und ist nicht mehr in der Lage, der Situation Einhalt zu gebieten.
Wenn Sie in eine solche Situation geraten, ist es das Beste, sich zuerst einmal hinzustellen, um Abstand zu den Kindern zu gewinnen. Dadurch heben Sie gleichzeitig Ihren Status an und sorgen dafür, dass alle Sie sehen. Nehmen Sie Ihre Puppe auf den Arm, schlüpfen Sie mit der Hand aus ihrer Hand und nehmen Sie den Zeigefinger vor Ihren Mund, um die Kinder aufzufordern, still zu werden. In dieser Position besteht Ihre einzige Aufgabe darin, zu warten, bis sich der Sturm gelegt hat. Sie ermahnen nicht, rufen nicht „Seid still!" und strengen noch nicht einmal Ihre Mimik an, um den Kindern weitere Botschaften zu vermitteln, denn das alles wäre zu diesem Zeitpunkt vermutlich reine Energieverschwendung. Vertrauen Sie einfach darauf, dass die Kinder wieder ruhig werden. Je weniger Sie unternehmen, desto schneller wird das geschehen.

Erst wenn wieder Ruhe eingekehrt ist, wird die Puppe erneut aktiv, und sie muss dabei noch nicht einmal schimpfen. Es genügt, wenn sie staunt und erklärt:

Dem Chaos der Kinder Ruhe entgegensetzen.

„Uiuiuiuiui … ich dachte schon, dass der Lärm überhaupt nicht mehr aufhört … Ich dachte, jetzt müssten wir hier alle noch bis zu den Weihnachtsferien stehen. Denn das ist ja klar: Wenn es so laut ist, macht es überhaupt keinen Sinn, dass ich noch irgendwas sage, weil mich dann eh niemand versteht …“

Es kommt selten vor, dass eine Puppe ein solches Chaos auslöst, aber wenn es geschieht, kann es beängstigend und unangenehm sein. Doch wenn Sie im Tumult Ihre Kräfte schonen, weil Sie wissen, dass er von alleine wieder nachlassen wird, lernen Sie gleichzeitig, gelassen mit dieser und ähnlichen Situationen umzugehen.

Geben Sie nach einem solchen Ereignis das Puppenspiel in dieser Gruppe auf keinen Fall auf. Wenn die Kinder wild und begeistert auf die Puppe reagieren, bedeutet das, dass sie für das Spiel empfänglich sind. Sie müssen mit ihnen jetzt nur klären, wie sie aus aller Aufregung wieder zur Ruhe finden, und je häufiger Sie diesen Weg mit ihnen gehen, desto schneller können sie ihn auch alleine bewältigen.

Jule bleibt gelassen – der Umgang mit Störungen während des Spiels

Die Klasse 3 A hat Religionsunterricht und Jule ist wieder einmal in ihrem Element:

„… und Opa meint, die wären 40 Jahre lang durch die Wüste gewandert. Das muss man sich mal vorstellen! 40 Jahre! Also nehmen wir an, ich würde heute losziehen, um 40 Jahre in der Wüste zu wandern, dann …“

Es klopft an der Tür.

Jule seufzt, unterbricht ihre Erzählung, und ruft: „Herein!“

Der Hausmeister erscheint und sieht Jule etwas verwundert an.

„Ach, Herr Lottermoser, Sie sind es! Guten Morgen!“

„Äh … guten Morgen!“ Herr Lottermoser guckt ein bisschen verwundert. „Ich wollte nur wissen, ob die Heizung jetzt wieder geht.“

„Nein, die geht leider überhaupt nicht.“

Die Puppe könnte jetzt anfangen zu niesen und verschnupft klingen und ein bisschen über die Kälte klagen. Sie könnte auch behaupten, sie hätte die Heizung selber kaputtgemacht, damit das ewige Schwitzen mal ein Ende hat, oder dass sie nun schon Wüstengeschichten erzählen muss, damit den Kindern wieder warm wird. Aber wenn ihr von all dem nichts einfällt, fährt sie schlichter fort:

„Aber ich bin ja echt froh, dass wir so einen tollen Hausmeister haben, der alles repariert, was so kaputtgeht. Ach, und ob es nun zwei, drei Tage länger dauert, darauf kommt es nun auch nicht mehr an. Aber innerhalb der nächsten 40 Jahre werden Sie es doch schaffen?“

Der Hausmeister lacht, wenn er den Witz auch nicht ganz versteht, und verabschiedet sich. Jule wendet sich wieder an die Kinder:

„Ach, der gute, alte Herr Lottermoser … Wo war ich gerade stehen geblieben …?“

Während des Spiels können viele Arten von Störungen auftreten: Kinder stoßen verspätet zur Gruppe hinzu, ein Kind will die Puppe am Bein ziehen, der Wind stößt ein Fenster auf und ein Glas zerbricht, oder es klingelt an der Tür. In solchen Situationen geraten Sie schnell in die Versuchung, das Spiel zu unterbrechen, um wieder selbst ordnend in das Geschehen einzugreifen. Aber es lohnt sich, diesem Impuls zu widerstehen. Wenn Sie die Nerven behalten und im Spiel bleiben, kann die Puppe erstaunlich viele Störungen selbst beheben. Indem sie den Zwischenfall kommentiert und/oder klare Anweisungen gibt, können viele Situationen geklärt werden, ohne dass das Spiel unterbrochen werden muss. Manchmal benötigt eine Störung etwas mehr Zeit und Aufmerksamkeit, bevor wieder Ruhe einkehrt und das Spiel zu seinem ursprünglichen Verlauf zurückkehren kann – häufig geschieht es aber auch ganz schnell.

Wann immer Sie Ihre Puppe eine Störung beheben lassen, werten Sie Ihr Spiel auf, da Sie der Störung nicht erlauben, das Spiel zu unterbrechen. Gleichzeitig bleibt Ihr Spiel im Fluss, anstatt abgewürgt zu werden und dann neu beginnen zu müssen. Es lohnt sich also, so lange und hartnäckig wie möglich hinter der Puppe verschwunden zu bleiben.

Außerdem gilt: Je größer die Störung ist, mit der Sie spielen (oder kämpfen) müssen, desto größer ist die Faszination der Kinder dabei: Sie erleben echte Improvisation in einem kritischen Moment, und das ist ein besonderes Ereignis.
Erfordert es die Situation jedoch, dass Sie selbst reagieren, kann die Puppe den Übergang zur Unterbrechung gestalten, indem sie Sie herbeiruft: *„Ich glaube, das musst du jetzt mal klären. Ich komme dann gleich wieder, okay?“* Und zu den Kindern: *„Und ihr bleibt mal kurz sitzen, ja? Unsere Geschichte geht gleich weiter …“*

Kalle ist auf der Hut – die Illusion des Spiels schützen

„Oh, Frau Schmidt, darf ich auch mal den Kalle spielen?“
Kalle blickt das Mädchen an: „Was möchtest du, Katharina?“
„Ich möchte dich auch mal haben!“
„Oh … das ist ja, äh … das ist ja schön.“ Kalle kratzt sich an der Stirn. „Aber ich weiß nicht so recht … irgendwie passt mir das gar nicht, weißt du. Irgendwie finde ich, dass ich zu Frau Schmidt gehöre und nur zu ihr. Auf ihrem Schoß bin ich immer am glücklichs-

Wenn Sie Ihre Puppe den Kindern nicht geben möchten, bringen Sie eine zweite Puppe ins Spiel.

ten. Nee, Katharina, sei nicht traurig, aber das möchte ich einfach nicht."
Katharina ist aber hartnäckig, und so wendet sie sich an Frau Schmidt:
„Oh Frau Schmidt, bitte!"
Frau Schmidt blickt ihre Puppe an und die blickt zurück und schüttelt den Kopf. Dann wendet sich Frau Schmidt an Katharina: „Nein, Katharina. Ich glaube, Kalle hat Recht – es geht nicht. Den Kalle spiele nur ich."
„Aber wieso denn?"
„So ganz verstehe ich das auch nicht. Aber ich glaube, es ist so: Wenn jemand anderes meinen Kalle spielt, dann ist es zwar noch dieselbe Puppe, aber nicht mehr Kalle, und das finde ich dann einfach zu schade. Aber schau mal, ich habe hier noch meinen kleinen Raben Pepe – willst du den vielleicht einmal spielen?"
Katharina nickt, nimmt den Raben und Kalle und der Rabe (der laut Katharina in Wahrheit eine Rabenfrau ist und Pepsi heißt) spielen miteinander und beschließen zu heiraten, wenn sie mal groß sind.
Ob Katharina wirklich verstanden hat, warum Frau Schmidt nicht möchte, dass sie Kalle spielt, ist nicht ganz klar, aber das Spiel mit der Rabenfrau Pepsi macht ihr offensichtlich Freude …

Wenn ein Kind die Puppe haben will, um selbst mit ihr zu spielen, ist das zunächst ein Zeichen für den Erfolg Ihres Spiels. Natürlich können Sie dem Kind Ihre Puppe überlassen, aber es ist fraglich, ob Ihre Freundlichkeit an dieser Stelle immer angebracht ist. Wenn Sie Kindern Ihre Puppe übergeben, erlauben Sie, dass die Illusion, die Sie mit Ihrem Spiel aufgebaut haben, unterbrochen wird oder vielleicht sogar Schaden nimmt. Denn es kann ein Kind sehr enttäuschen, wenn es entdecken muss, dass dieselbe Puppe, die es durch Sie als eigenständige Persönlichkeit kennen gelernt hat, in den eigenen Händen nicht auch zu dem bekannten und geliebten Wesen wird. In diesem Fall verliert das Kind durch den Blick hinter die Kulissen und das eigene Ausprobieren mehr, als es gewinnt.

Sie haben mit Ihrem Spiel eine Illusion und einen Zauber geschaffen, und nun ist es an Ihnen, diese auch zu schützen. Natürlich ist es etwas Wunderbares, wenn Kinder selbst die Dinge in die Hand

Was machen wir jetzt? Die Kinder wollen selber mit uns spielen!

nehmen, ausprobieren und erforschen wollen. Doch an dieser Stelle geht es vielleicht einmal nicht um den Verstand und das Lernen der Kinder: Es geht um ihre Phantasie, ihre Fähigkeit, staunen zu können, und ihre Bereitschaft, sich auf ein Spiel einzulassen. Vielleicht können sie das alles auch noch, nachdem sie die Puppe ausprobiert haben, aber ganz sicher ist das nicht.

Sie selbst werden die jeweilige Situation am besten einschätzen können: Wenn Sie ganz unbesorgt sind, vertrauen Sie die Puppe dem fragenden Kind einfach an. Dann empfiehlt es sich, das Kind in seinem Spiel zu unterstützen, indem Sie sich als Spielpartner für die Puppe bereit halten und entsprechende Impulse setzen *(„Hallo Alfons, hast du vielleicht eine Ahnung, wo Oma ist?")*.

Aber geben Sie die Puppe nicht einfach nur deshalb her, weil Sie sich nicht trauen, nein zu sagen, oder weil Sie Angst haben, für geheimniskrämerisch oder verspannt gehalten zu werden, denn darum geht es gar nicht. Das Geheimnis, das Sie bewahren, hüten Sie nicht für sich, sondern für die Kinder, und den Zauber des Spiels schützen Sie nicht, weil Sie ihn nicht teilen möchten, sondern damit er erhalten bleibt.

Wenn ein Kind mit Ihrer Puppe spielt, kann es geschehen, dass Ihre Puppe Verhaltensweisen zutage bringt, die Ihrer eigenen Art, die Puppe zu bespielen, widersprechen. So könnte die Puppe plötzlich anfangen, Kinder zu hauen, weil das Kind, das die Puppe spielt, auf einmal entdeckt, dass es für die Taten der Puppe ja gar nicht verantwortlich sein muss und mit dieser Erkenntnis die Grenzen neu auszuloten beginnt. Auch das kann schwierige Situationen schaffen.

Etwas anderes ist es allerdings, wenn die Puppe in der gleichen Einrichtung von verschiedenen MitarbeiterInnen gespielt wird. Die Puppe verfügt dann zwar zwangsläufig über ein etwas weniger klares Wesen, weil sich dieses je nach SpielerIn immer etwas verändert, aber in dem entscheidenden Punkt wird sie vermutlich mit sich identisch bleiben: Bei allen Frechheiten, die sie sich erlaubt, wird die Puppe doch die Grenzen der Kinder achten und sich auf kein Spiel einlassen, das diese Grenzen verletzen könnte. Die vom ganzen Team bespielte Puppe kann außerdem in der Gruppe als Bezugsperson und Puppe schlechthin fungieren und ist unabhängig von einer bestimmten Spielerin bzw. einem bestimmten Spieler immer einsatzbereit.

Dennoch hat es auch seine Vorteile, wenn jeder Spieler über seine eigene Puppe verfügt: Mit der eigenen Puppe spielt es sich einfach intensiver und inniger als mit einer Puppe, die zur Einrichtung gehört. Sobald die Puppe einem Spieler selbst gehört, entwickelt er eine tiefere Beziehung zu ihr, die sehr helfen kann, das Spiel zu entwickeln und zu gestalten.

Jule und die seriösen Kinder – das Spiel mit Erwachsenen

Eine Szene auf dem Weihnachtsmarkt: Ein Mann nähert sich dem Stand mit den Handpuppen. Jule blickt ihn an und hält ihm die Hand hin:

„Hallo! Ich bin Jule!"

Der Mann spricht den Puppenspieler an: „Machen Sie die alle selbst?"

Der Puppenspieler schüttelt den Kopf.

Jules Hand bleibt ausgestreckt: „Also … Jule ist mein Name …"

„Lohnt sich das eigentlich – den ganzen Tag hier so in der Kälte zu stehen?"

Der Puppenspieler zuckt die Schulter und lächelt etwas.

„Äh, hallo, wie gesagt, ich heiße Jule und wie heißt du?"

„Und muss man nicht total frieren, wenn man den ganzen Tag in der Kälte steht? Also ich könnte das nicht …"

Jule bekommt auf einmal eine Husten-Attacke: „Ach, es geht so – die Kälte ist gar nicht das Schlimmste. Aber dass die Leute einen gelegentlich so sehr übersehen, weißt du, das schmerzt meine kleine Seele schon manchmal …"

Es gibt Situationen, in denen es Erwachsene unendlich schwer haben, sich auf etwas Spielerisches einzulassen. Vielleicht haben sie den ganzen Tag, die ganze Woche oder die letzten 37 Jahre damit verbracht, seriös zu wirken, und jetzt kommt einfach eine Puppe an und verlangt von ihnen, wieder ein wenig kindlicher und verspielter zu reagieren. Das geht einfach nicht so schnell. Manchmal kommt es sogar vor, dass sich Menschen verunsichert oder gar bedroht fühlen, weil sie angesichts der Freiheit der Puppe ihre eigene Unfreiheit spüren. Und wenn es ganz unglücklich verläuft, verweigern sie sich nicht nur dem Spiel gegenüber, sondern beschämen die Spielerin oder den Spieler obendrein auch noch: *„So alt – und noch mit Puppen spielen …?“*

Wenn Menschen Ihr Spiel ablehnen oder abwerten, können Sie sich über sie ärgern oder aufregen, so viel Sie wollen – es wird sie nicht ändern. Es wird nur Ihre Kraft verbrauchen und Sie daran hindern, unbeschwert und glücklich weiterzuspielen. Am besten ist es, wenn Sie in einer solchen Situation folgendermaßen reagieren: Sie akzeptieren, dass diese Menschen (momentan) einfach nicht empfänglich sind für das, was Sie ihnen schenken könnten, und beenden Ihr Spiel möglichst würdevoll und vielleicht ein wenig frech, aber, wenn es geht, nicht aggressiv: *„Oh, ich glaube … ich glaube, ich gehe wieder. Das sind ja alles total erwachsene Leute hier! Ne, ne, ne, das passt nicht. Außerdem wollte ich sowieso noch meine Motorsäge reparieren … Also ich gehe jetzt. Tschüss!“ – „Tschüss, Puppe!“ – „… und viel Spaß noch!“*

Wenn Sie Ihre Puppe vor oder mit Erwachsenen spielen wollen, ist es ratsam, im Vorfeld gut zu prüfen, ob das Wesen und die Verfassung der Erwachsenen spielerisch genug sind, um für das Spiel empfänglich zu sein. Sie werden das selbst am besten wissen, wann es passt und wann Sie lieber erst einmal darauf verzichten, Ihre Puppe hervorzuholen.

Wenn Sie vor einer Gruppe von Erwachsenen spielen, können Sie zuerst einmal diejenigen anspielen, bei denen Sie das Gefühl haben, dass sie für die Puppe zugänglicher sind als andere. Die Verschlosseneren lassen Sie zufrieden, so dass sie dem Geschehen erst einmal in Ruhe zusehen können. Solange sie auf die Puppe nicht spontan reagieren müssen, können sie anfangen, sich zu entspannen und das Spiel aus der Beobachterwarte zu genießen.

Auf jeden Fall können wunderschöne Spielsequenzen entstehen, wenn Sie Ihre Puppe vor und mit Erwachsenen spielen. Durch die Puppe lassen sich Menschen oft ganz leicht aus ihren Reserven locken und in kleine (mittlere oder größere) Verrücktheiten verstricken.

Oft stellt sich dann heraus, dass Erwachsene – genau wie manche Kinder – einfach etwas mehr Zeit brauchen, um sich auf die Puppe und die Interaktion mit ihr einzulassen. Mit Ihrer Puppe stupsen Sie dann das Kindliche im Erwachsenen wieder an und wecken es auf. Das ist vielleicht nicht immer eine einfache, aber auf jeden Fall eine sehr schöne Aufgabe …

„Das ist ja nur eine Puppe“ – wenn Kinder das Spiel durchschauen

„Das ist ja nur eine Puppe!“, der Einwurf eines einzigen Kindes kann das ganze Spiel auf die Probe stellen. Was nun? In dieser Situation reagieren SpielerInnen sehr unterschiedlich: Sie können zusammenzucken, sich ertappt fühlen und sich für schlechte Puppenspieler halten, weil die Illusion ihres Spieles durchschaut wurde – dann werten sie das eigene Spiel ab. Oder sie werden ärgerlich, weil sie das Kind für einen Spielverderber halten, und werten dadurch das Kind ab.

In vielen Fällen wirken sich beide Deutungen der Situation nicht nur sehr destruktiv auf den weiteren Spielverlauf aus, sie sind außerdem irrig. Denn oft benennt das Kind einfach nur die Situation, ohne das Spiel bewerten zu wollen: Die Puppe ist nur eine Puppe – es spukt also nicht. Weil die Puppe eine Puppe und kein Fabelwesen ist, muss das Kind keine Angst haben, dass gleich auch noch Hexen, Drachen und Kobolde erscheinen und es rauben könnten. Die vertraute Realität existiert noch und in sie kann das Kind die Puppe nun einordnen. – „Das ist ja nur eine Puppe!“ Nachdem es das festgestellt hat, kann sich das Kind erleichtert auf das Spiel einlassen.

Dennoch kann es vorkommen, dass ein Kind die Puppenspielerin oder den Puppenspieler mit dem Ausspruch *„Das ist ja nur eine Puppe“* provozieren möchte. Vielleicht ist es für dieses Kind einfach spannender zu erleben, wie ein Erwachsener reagiert, dessen Spiel durchschaut wird und zerstört werden kann, als mit einer Puppe in Kontakt zu treten. In dieser Situation ist es wichtig, das Spiel des Kindes zu verwandeln. Aus dem Spiel „Das Kind provoziert die Puppenspielerin“, das auf Dauer keinem der Beteiligten Spaß machen wird, soll „Das Kind tritt in Kontakt mit einer Puppe“ werden.

Die Schwierigkeit besteht jedoch darin, dass das Kind mit seiner Aussage Recht hat – die Puppe ist und bleibt ja schließlich eine Puppe, und es wäre vollkommen sinnlos, wenn sie das in dieser Situation abstreiten würde. Stattdessen kann sie folgendermaßen reagieren:

„Ja, das stimmt! Ich bin eine Puppe! Aber – pst – das musst du jetzt ja nicht gleich allen verraten! – Du bist ein Mensch, nicht wahr?“ (Das Kind nickt oder bejaht es.) „Ja, das habe ich mir gedacht. Dreh dich mal um!“ (Das Kind dreht sich um.) „Siehst du, du hast kein Loch im Nacken, so wie ich. Du bist also ein Mensch …“

Indem die Puppe bestätigt, dass sie eine Puppe ist, gibt sie dem Kind Recht und unterstützt das Kind in seinem Wissen, dass es sich „nur“ um ein Spiel handelt. Gleichzeitig nimmt sie das Kind mit in die Wirklichkeit des Spiels hinein. So handelt das Spiel von dem Bewusstsein, „nur“ zu spielen, während das Kind gleichzeitig mit Herz und Seele ins Spiel eintauchen kann.

Etwas schwieriger ist die Situation, wenn sich das Kind direkt an die Spielerin oder den Spieler wendet (*„das ist ja gar nicht die Puppe – das bist ja du!“*). Eine solche direkte Anrede kann die Spielerin bzw. den Spieler sehr stark in Versuchung führen, das Spiel aufzugeben oder zumindest selbst zu reagieren und dem Kind zu antworten (*„Ja, da hast du natürlich Recht. Das ist meine Stimme, die verstelle ich immer, wenn ich für die Puppe spiele. Aber warte mal ab, was dir die Puppe erzählen möchte ….“*). Es empfiehlt sich jedoch sehr, auch in dieser Situation hinter der Puppe verborgen zu bleiben und die Puppe allein die Krise managen zu lassen:

„Was? Ist Frau Schmidt schon wieder da?“ Die Puppe dreht sich zu ihrer Spielerin Frau Schmidt kurz um, wendet sich dann aber genervt wieder dem Kind zu. „Oh nein! Nicht schon wieder! Dauernd, dauernd, dauernd ist die da! Weißt du, das ist echt nervig, wenn man so 'ne Handpuppe ist wie ich. Immer ist da irgendwo eine Puppenspielerin … Ich vergesse das immer wieder! Aber du hast das gleich gemerkt, stimmt's?“ Das Kind nickt oder sagt ja.

Wenn die Spielerin den Eindruck hat, dass das Kind sie provozieren wollte, kann die Puppe ein ganz kleines bisschen zurücksticheln: „Du bist schon so eine ganz Schlaue, was …? “Aber es ist wichtig, dass sie liebevoll und humorvoll stichelt, denn sonst könnte das Kind sich angegriffen fühlen und die Provokation fortsetzen wollen.

Die Puppe kann jedoch auch ein ganz ehrliches Kompliment machen: „Du bist aber schlau!“

Und dann gestaltet sie den Übergang zu einer Spielsituation, in der die Spielerin nicht mehr vorkommt: „Weißt du was? Ich habe herausgefunden, dass es am besten ist, wenn wir die Frau Schmidt gar nicht weiter beachten. Dann kann ich dir auch in Ruhe erzählen, wie ich gestern fast das Eichhörnchen gefangen hätte, das bei unserem Nachbarn immer die Nüsse holt …“

Ausblick

Dass Kinder mit Puppen spielen, ist etwas ganz Normales. Aber es ist etwas Besonderes, wenn Sie als Mutter oder Vater Ihre Alltagsroutine unterbrechen, um für oder mit Ihrem Kind oder Ihren Kindern die Puppe zu spielen.

Es ist auch etwas Besonderes, wenn Sie als pädagogische Fachkraft die Puppe hervorholen und ihr für eine Zeitlang das Geschehen im Unterricht oder in der Gruppenarbeit überlassen. Das ist bei weitem nicht selbstverständlich, denn es braucht Mut und innere Freiheit, die vertrauten Rollen zu verlassen, insbesondere wenn diese Rollen mit Leitungsfunktionen verbunden sind.

Für die Kinder sind Sie ein Glücksfall. Dass Sie sich aufmachen und für die Kinder bzw. mit ihnen spielen, trägt etwas Großartiges in sich, insbesondere, wenn Sie das Abenteuer trotz großen Herzklopfens wagen und sich auch von holperigen Passagen nicht irritieren lassen. Sie verwandeln ein Stückchen Welt, sorgen für ein wenig mehr Freude, Spiel und Lachen. Das können wir alle gut brauchen.

Ich wünsche Ihnen, dass Ihnen Ihr Mut zum Spielen bleibt und dass er immer noch weiter wächst. Ich wünsche Ihnen viele gute Gelegenheiten zum Spielen, ein empfängliches und dankbares Publikum und dass Sie es sich gönnen, forschend und lernend zu spielen. Vor allem aber wünsche ich Ihnen, dass die Freude, die Sie mit Ihrem Spiel anderen bereiten, immer wieder zu Ihnen zurückfließen möge.

Literaturverzeichnis

Bettelheim, Bruno; Kinder brauchen Märchen, 4. Auflage, Stuttgart 1980

Cameron, Julia; Der Weg des Künstlers. Ein spiritueller Pfad zur Aktivierung unserer Kreativität, München 2000

Gauda, Gudrun: Theorie und Praxis des therapeutischen Puppenspiels. Lebendige Psychologie C. G. Jungs, Dortmund 2001

Johnstone, Keith; Improvisation und Theater. Die Kunst, spontan und kreativ zu agieren, 6. Auflage, Berlin 2002

Johnstone, Keith; Theaterspiele. Spontaneität, Improvisation und Theatersport, Berlin 1998

Steinmann, P. K.; Die Theaterfigur auf der Hand. Grundlagen und Praxis, Frankfurt 2004

Workshops

Der Einführungskurs: Das Spiel mit großen Handpuppen

Was ist das Geheimnis eines lebendigen Puppenspiels? Wie kann ich den Zauber, der in meiner Puppe wohnt, freisetzen? Worauf muss ich achten (und was sollte ich besser vermeiden), damit das Spiel in Fluss kommt, Spaß macht und das Improvisieren leicht fällt?
Mit diesen Fragestellungen beschäftigt sich der Workshop intensiv in Praxis und Theorie.

Die TeilnehmerInnen erhalten Anregungen und Inspirationen, die Puppen auf vielseitige Weise ins Spiel zu bringen und in ganz unterschiedlichen pädagogischen Situationen einzusetzen. Das Ziel des Workshops ist es, die Freude und Lust am Spiel mit Handpuppen zu wecken und einen Zugang zu einem lebendigen und kreativen Handpuppenspiel zu vermitteln. Vorerfahrungen sind nicht erforderlich.

Der Aufbaukurs: Improvisation mit großen Handpuppen

Der Workshop lädt dazu ein, Fähigkeiten zur Improvisation im Spiel mit großen Handpuppen zu entwickeln und die persönliche Spielfreiheit zu erweitern. Ein besonderer Schwerpunkt liegt auf den Möglichkeiten, die eigenen Gefühle mit ins Spiel zu bringen und dadurch dem Spiel besondere Lebendigkeit und Präsenz zu verleihen. Verschiedene Spielformen können ausprobiert werden: Solo oder in der Gruppe, hinter der Puppe verschwunden oder neben ihr im Dialog. Ziel ist es, die Freude am eigenen Spiel zu vertiefen.

Weitere Informationen (auch zu anderen spiel- und theaterpädagogischen Seminaren) finden Sie unter www.lars-olaf-moeller.de oder direkt bei:

Olaf Möller,
Weidenweg 2,
31188 Hackenstedt,
Tel./Fax: (0 50 62) 96 47 66,
E-mail: lars-olaf.moeller@t-online.de

Puppenhersteller und Ausbildungsstätten im Bereich Figurentheater

FOLKMANIS-PUPPETS®
– Jochen Heil –
Am Haag 11 c
D-97234 Reichenberg
Tel.: (09 31) 66 06 10
Fax: (09 31) 66 06 11 1
info@folkmanis.de
www.folkmanis-and-more.de

Living Puppets®
Matthies
Spielprodukte GmbH + Co. KG
Lohbrügger Kirchstraße 2
D-21033 Hamburg
Tel. (0 40) 7 35 85 09
Fax: (0 40) 7 35 10 58
www.LivingPuppets.de

www.eckerken.de
www.figurenschneider.hux.de
www.figurentheater-kolleg.de
www.hof-lebherz.de
www.theemptyspace.org
(Improvisationstheater und Fool mit Franki Anderson)
www.tut-hannover.de
Requisiten:
www.pappnase.de

Der Autor

Olaf Möller, geboren 1967, verheiratet und Vater zweier Kinder. Spiel- und Theaterpädagoge; Dipl.-Sozialpädagoge.
Seit 1995 Fortbildungen in Improvisationstheater bei Franki Anderson. Ausbildung in der Zirkusschule FOOL-TIME in Bristol, England, und durch die Arbeitsgemeinschaft Spiel und Theater/Frankfurt. Arbeit mit Straßenkindern in São Paulo, Brasilien, Studium der Theologie. Seit 1989 Bühnenerfahrung im Bereich Pantomime und Straßentheater, von 1997 bis 2001 Leitung des Kinderzirkus *Guckmal* in Hildesheim.

Seit 1999 Workshops im Bereich Handpuppenspiel, seit 2005 Fortbildungen in Improvisationstheater. Seit 2003 Auftritte mit dem Kindertheaterstück „Lunte und die Zaubersuppe", mit dem Aktionstheater- und Comedyprogramm *der Geschmacksverstärker* und dem Figurentheater *Killewipps*.

Gipsy und Franz Baumann

Mit Mammut nach Neandertal

Kinder spielen Steinzeit

ISBN: 978-3-925169-81-6

Martina Kroth

Schokodon & Kichersaurus

Kinder entdecken
spielerisch die Welt der Dinosaurier

ISBN: 978-3-931902-73-5

Hartmut E. Höfele und Susanne Steffe

Der wilde Wilde Westen

Kinder spielen Abenteurer und Pioniere

ISBN (Buch): 978-3-931902-35-3
ISBN (CD): 978-3-931902-36-0

Kinder spielen Geschichte

Im KIGA, Hort, Grundschule, Orientierungsstufe, offene Kindergruppen, bei Festen und Spielnachmittagen

Die erfolgreiche Reihe aus dem Ökotopia Verlag

Bernhard Schön

Wild und verwegen übers Meer

Kinder spielen Seefahrer und Piraten

ISBN (Buch): 978-3-931902-05-6
ISBN (CD): 978-3-931902-08-7

K. Hoffmann - Pieper, H. J. Pieper, B. Schön

Das große Spectaculum

Kinder spielen Mittelalter

ISBN: 978-3-925169-78-6

I. R. Floerke u. B. Schön

Markt, Musik und Mummenschanz

Stadtleben im Mittelalter

Das Mitmach-Buch zum Tanzen, Singen, Spielen, Schmökern, Basteln & Kochen

ISBN (Buch): 978-3-931902-43-8
ISBN (CD): 978-3-931902-44-5

Kinder erforschen die Welt

Leonore Geißelbrecht-Taferner

Die Garten-Detektive

Mit vielfältigen Experimenten, Spielen, Bastelaktionen, Geschichten und Rezepten den blühenden Frühjahrsboten auf der Spur

ISBN: 978-3-936286-58-8

M. Kalff und B. Laux

Sonne, Mond und Sternenkinder

Mit der Mondmaus in Spielen, liedern und Geschichten die Phänomene des Himmels erforschen

ISBN (Buch): 978-3-931902-71-1
ISBN (CD): 978-3-931902-72-8

Antje und Burkhard Neumann

Waldfühlungen

Das ganze Jahr den Wald erleben – Naturführungen, Aktivitäten und Geschichtenfibel

ISBN: 978-3-931902-42-1

Kathrin Sandhoff und Birgitta Stumpf

Mit Kindern in den Wald

Wald-Erlebnis-Handbuch
Planung, Organisation und Gestaltung

ISBN: 978-3-931902-25-4

Antje und Burkhard Neumann

Wiesenfühlungen

Das ganze Jahr die Wiese erleben

Naturführungen, Wahrnehmungsspiele und Geschichtenbuch

ISBN: 978-3-931902-89-6

Antje und Burkhard Neumann

Wasserfühlungen

Das ganze Jahr Naturerlebnisse an Bach und Tümpel

Naturführungen, Aktivitäten und Geschichtenbuch

ISBN: 978-3-936286-13-7